KB274305

기억해야 하는 역사

문경 한두리의 재발견

기억해야 하는 역사

문경 한두리의 재발견

■ 황용건 지음

한국학술정보[주]

　한말 우리 민족은 일본제국주의 침략에 맞서 애국계몽운동과 의병전쟁을 치열하게 전개하였다. 또한 일제에 의한 500년 조선왕조의 멸망은 식민지로 전락하는 민족적 수난이 예고되어 있었다. 비록 왕조는 몰락의 길을 걸었지만, 선각자들의 깨우침과 개화운동은 신교육을 통한 구국운동으로 나타났다. 이들은 민지民智를 계발하고 식산殖産을 장려하여 부국강병으로 국권을 되찾고자 하였다.

　당시 조선사회는 일제에 의해 유린된 국권을 회복하고자 개화파의 실력양성을 통한 애국계몽운동과, 금수만도 못한 왜놈들을 즉각 물리치고 나라를 바로 세워야 한다는 구국 일념의 의병전쟁이 활발히 전개되고 있었다. 이는 개화와 보수라는 대립된 개념으로 일제의 무력 앞에 대처하는 방략이 달랐음을 의미하기도 하였다.

　이러한 갈등은 문경 지역사에서도 나타나고 있다. 특히 문경지방은 운강의 강력한 위정척사 사상에 의한 의병정신이 지배하였던 곳이다. 그러나 이러한 현실 상황 속에서도, 한두리 개화인사들은 도천학교 설립을 통해 신교육 구국운동에 동참하였다. 한두리 개화인사들의 신교육운동은 국망의 위기에 나타난 처절한 몸부림이었다.

필자는 지역 근현대사를 탐독하면서 한두리와 관련된 몇 가지 역사적 사실을 발견하였다. 특히 석사학위논문 "항일투쟁기 황옥의 양면적 행적 연구"를 쓰는 과정에서 밝혀진, 많은 자료와 정보들이 필자의 가슴을 뛰게 하였다. 이 글은 질곡의 근현대사를 온몸으로 헤쳐 나가고자 했던 한두리 출신 인물들을 추적하여 기록하였다.

한두리는 지역 근현대사에서 빼놓을 수 없는 중요한 위치를 차지한다. 한말 일제침략기 한두리 장수황씨 문중의 시대변화에 대처하는 인식과 방략은, 일제강점기를 거쳐 해방 후 현대에 이르기까지 그 맥을 이어 갔다. 이들은 1906년 봄 문경지방 최초의 신교육기관인 사립도천소학교를 설립하여 많은 인재를 배출하였다. 한두리 도천학교 출신들은 일제 초기 식민지 지배체제에 순응하지만, 3·1운동을 시점으로 독립운동에 가담하였다. 이들 중심에는 늘 황옥이 함께하였다.

황옥은 독립운동가로 평가받기도 하였지만, 의열단 의거에서 그의 정체성과 관련하여 의문의 인물로 논란이 되어 왔다. 그러나 그의 주변과 행적 전후를 모두 놓고 볼 때, 일제의 녹이나 받아먹고 일신의 영달을 추구한 졸장부가 아니었다. 즉 민족 반역자, 일제 주구가 아니었다는 말이다. 그는 김시현과 김원봉이 평가하였던 강개 과단하고 담략이 큰 위인이었다.

일제강점기 독립운동으로 해체되는 집안이 많았다. 독립운동으로 쓰러진 집안이 어디 한두 집이었겠는가? 황옥의 종손자宗孫子 황정하는 1983년 전두환 군사독재정권에 맞서 민주화 투쟁에 몸 바친 열사로 기록되어 있다. 이 얼마나 놀라운 비극적인 역사의 아이러니가 아닌가? 3대에 걸친 안타까운 비운悲運의 가족사가 필자를 더욱 놀라게 하였던 것이다.

이 글에 수록된 황옥 외 다섯 명의 독립운동가는 한두리 출신이거나 밀접한 관계를 가졌던 인물이다. 1930년대 사회주의 운동에 가담하여 옥중 사망한 황직연(황옥의 제), 1921년 북경 제2회 보합단 국내지단 군사령부 설치를 주도하고 1928년 만주동포의 민족문제 해결에 앞장서다 일경에 총살당한 김희중(황옥의 재종매제), 김희중과 함께 북경 보합단 국내지단 군사령부설치에 가담하였던 황정연(황옥의 종제), 의열단에 가담 평생을 민족운동에 몸 바친 김사용(황옥의 내외종), 1943년 단파방송사건으로 옥고를 치르고 해방 후 민족의 자주와 통일의 외길을 걸었던 송남헌(황옥의 내외종질) 등이 있다. 이들 중 황직연·김희중·김사용은 일제에 의해 비참하게 생을 마감하였으며, 황정연은 불구가 된 몸으로 해방을 맞이하였다. 일제강점하 이들이 바친 조선독립과 민족해방을 위한 투쟁정신은, 일찍이 한두리 신교육 구국운동의 요람인 도천학교에서 비롯된 것이었다.

필자는 이 글을 쓰면서 한 문중의 역사를 쓰려고 한 것은 결코 아니었다. 지역 근현대사에서 뚜렷하게 대별되는 한 문중이 있기에 거기에 몰두할 수밖에 없었다. 뛰는 가슴을 조아리며 진정하지 않으면 진실을 발견할 수 없었던 순간들이었음을 고백한다. 몇 줄의 중앙 중심 역사기록에 꿰어 맞추듯 재단되는 지역사의 한계를 뛰어넘고자 하였다. 이를 정리하는 작업이야말로 지역의 역사 문화

발전에 큰 밑거름이 될 것이라 확신한다.

　그러나 이 글은 분명히 한계를 가진다. 많은 자료를 동원하였지만 도천학교와 관련된 1차 자료는 발견되지 않았다. 마찬가지로 황옥을 비롯한 다섯 명의 독립운동가에 대해서도 정작 관계된 후손들이나 문중에서 1차 자료는 발견되지 않았다. 따라서 이 글은 당시 신문자료와 일제자료, 후대 역사가들이 기록한 독립운동사 자료와 관련 개별 연구논문들을 참고하였다. 아울러 관계된 인물들에 대한 글과 그들이 직접 남긴 글, 그리고 그 후손들의 증언도 참고하였음을 밝혀 둔다. 필자는 이 글이 부족하고 심층적으로 다루지 못한 부분이 많음을 자인한다. 능력 부족과 한계를 느끼며 지난 5년간의 강박에서 벗어나 빨리 마무리하고 싶었다. 애정 어린 충고를 바란다.

　이 책은 필자의 혼자 힘으로 이루어진 것이 아니다. 근현대사에 목말라 찾아간 안동대학교 김희곤 교수님의 아낌없는 격려와 채찍이 이만큼이라도 글을 쓰게 하였다. 머리 숙여 감사드린다. 행정공무원으로 다소 엉뚱한 길을 걷는 필자에게 관심과 배려를 아끼지 않았던 신현국 문경시장님과 동료선후배분들에게 이 자리를 빌어 감사의 인사를 드린다. 무엇보다도 노령에도 불구하고 늘 따뜻하게 맞아주시며 한문과 일제자료를 번역해 주신 이인환님께 감사드린다. 아울러 가족들에게도 이 책을 통해서 미안함과 고마움을 전한다. 사랑한다. 끝으로 난삽한 원고를 다듬어 멋진 책으로 엮어주신 한국학술정보(주) 편집진에게 감사드린다.

2009년 9월
황용건

목 차

머리말 / 5

제1부

역사의 고향, 한두리

국도 59번 도로변에 위치한 한두리 마을 입구
(경상북도 문경시 산북면 대하1리)

제1장 한두리의 역사와 사람들

1. 한두리의 자연환경과 지리적 특성

한두리는 전형적인 배산임수의 집촌集村마을이다. 마을 뒤로 나지막한 산들이 길게 뻗어 있고 마을 앞 금천을 좌우로 농경지가 펼쳐져 있다. 일찍이 한두리를 개척한 장수황씨들은 이곳에 보를 설치하고 농경지를 확장하였다. 조선 후기 200여 년 동안 이 지방의 명문거족으로 번창하는 터전을 마련하였던 것이다.

한두리는 예로부터 인적·물적 자원의 내왕이 빈번했던 지리적 특성을 갖고 있었다. 남쪽의 산양·영순·용궁에서 북쪽으로 적성(동로)·단성(단양)과 명승고찰 김용사·대승사로 갈라지는 노변 입구에 위치하기 때문이다. 조선조 상주목의 속현이었던 산양을 중심으로 영순과 함창·용궁과 의성이 있듯이, 금천은 험산준령인 황장

경북 문경시 산북면 대하1리 (한두리)마을전경

봉산(동로)과 운달산(산북 김용)·사불산(산북 전두)의 크고 작은 수
많은 계곡에서 발원하여 한두리에서 합류한다. 한두리에서 합류된
금천은 삼강나루터에서 내성천과 같이 낙동강으로 흘러간다. 이렇
듯 한두리의 자연환경 지리적 위치는 남쪽의 저구릉 평야지대 끝
자락인 북쪽 산간 초입에 있다.[1]

　한두리에서 남쪽으로 5㎞쯤 내려가면 금천을 따라 넓은 들판 사
이로 인천채씨(산양현리), 개성고씨(산양녹문)들이 세거하였다. 특히
인천채씨는 조선 후기 이곳에서 한두리 장수황씨와 함께 재지사족
으로 쌍벽을 이루었다. 이들은 한두리 장수황씨와 함께, 금천과 그
지류인 대하천 사이의 아름다운 계곡과 산림 크고 작은 농경지를
경영하였다. 이리하여 이 지방의 주요 향반가문으로 성장하였던 것
이다.[2]

---

1) 문경문화원, 『문경의 옛 모습과 이름』 향토사료 제20집, 2007, 13～23쪽.
2) 김문기, 『문경의 구곡원림』, 문경문화연구총서1, 2004, 176～229쪽.

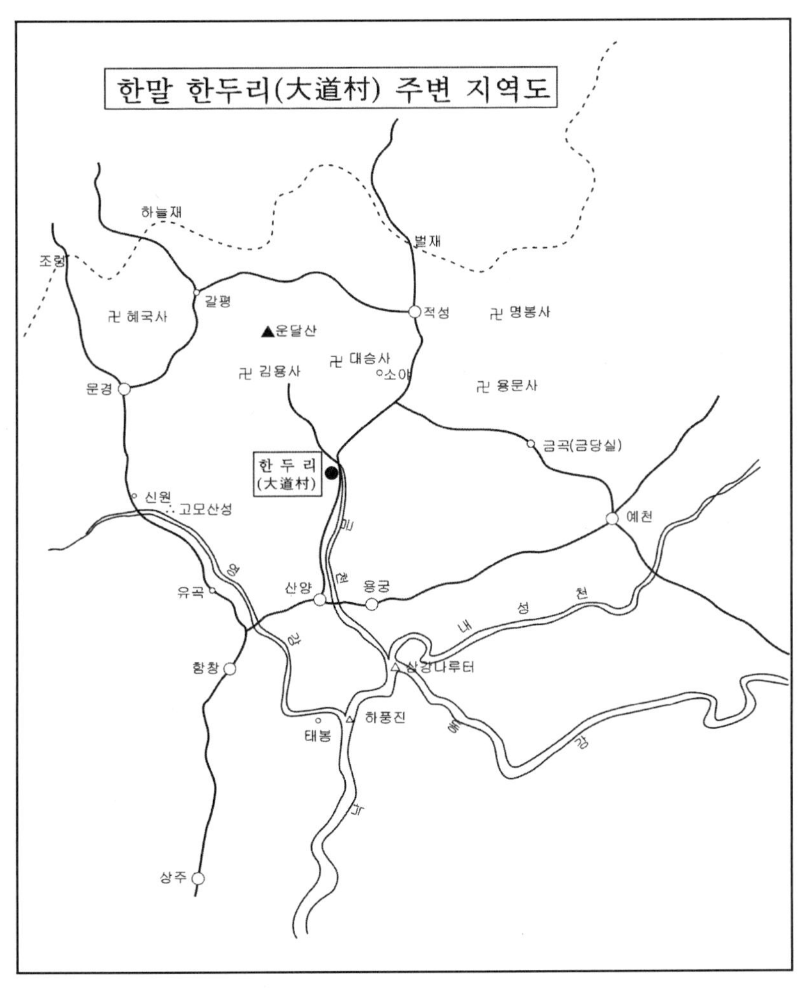

한말 한두리(大道村) 주변 지역도
하늘재
벌재
조령
헤국사
갈평
적성
명봉사
▲운달산
김용사
대승사
소야
용문사
문경
금곡(금당실)
한 두 리
(大道村)
신원
고모산성
예천
산양
용궁
내 성 천
유곡
함창
삼강나루터
하풍진
태봉
낙동강
상주

2. 한두리의 역사적 변천

한두리가 역사의 무대에 등장하게 된 계기는 조선조 명제상 황희의 증손 정반에 의해서였다. 그는 1516년(중종 11년) 상주 중모현에서 용궁현 무이를 거쳐 그의 아들 사웅(士雄: 1491~1566)과 함께 한두리에 정착하였다. 고려시대 상주의 속현(산양현)이었던 이곳은 고려 말엽 단양우씨가 골짜기(막골)에 터전을 잡고 마을을 개척하였다고 전한다. 조선 중기에 이르러 대도촌大道村(道와 德을 닦는 君子가 사는 마을이라 하여 道村 또는 大道村이라 하였다.)이라 하여 집성촌이 형성되기 시작하였다. 우리말로 한두리라 불렀다. 한두리는 한 들 또는 큰 들을 뜻하기도 한다.[3]

한두리는 조선조 상주목의 속현 산양현에 속하였다. 조선 후기 면리제의 실시로 4개 면(산동 · 산서 · 산남 · 산북)으로 개편되면서 1906년까지 상주군 산북면에 속하였다. 한두리는 1914년 일제가 행정구역 개편을 완료할 때까지 면의 중심지이었다. 지금은 경상북도 문경시 산북면 대하1리(웃 한두리)를 말한다.[4] 문경의 중심지(점촌: 시청소재지)에서 동쪽으로 34번 국도를 따라, 산양에서 북쪽으로 59번 국도 5㎞ 지점에 위치한 산북면소재지(대상1리: 아랫 한두리)에 인접하고 있다.

한두리가 상하 마을로 나누어진 시기는 1800년대 접어들어서였다. 지금의 웃 한두리(대하1리)에 입향 후 200여 년이 되었을 때이

---

3) 박약회문경시지회, 『冠山大觀』, 성문인쇄사, 2005, 43쪽.
4) 문경시지편찬위원회, 『문경지』 증보판上, 홍익출판인쇄사, 2002, 220~222쪽.

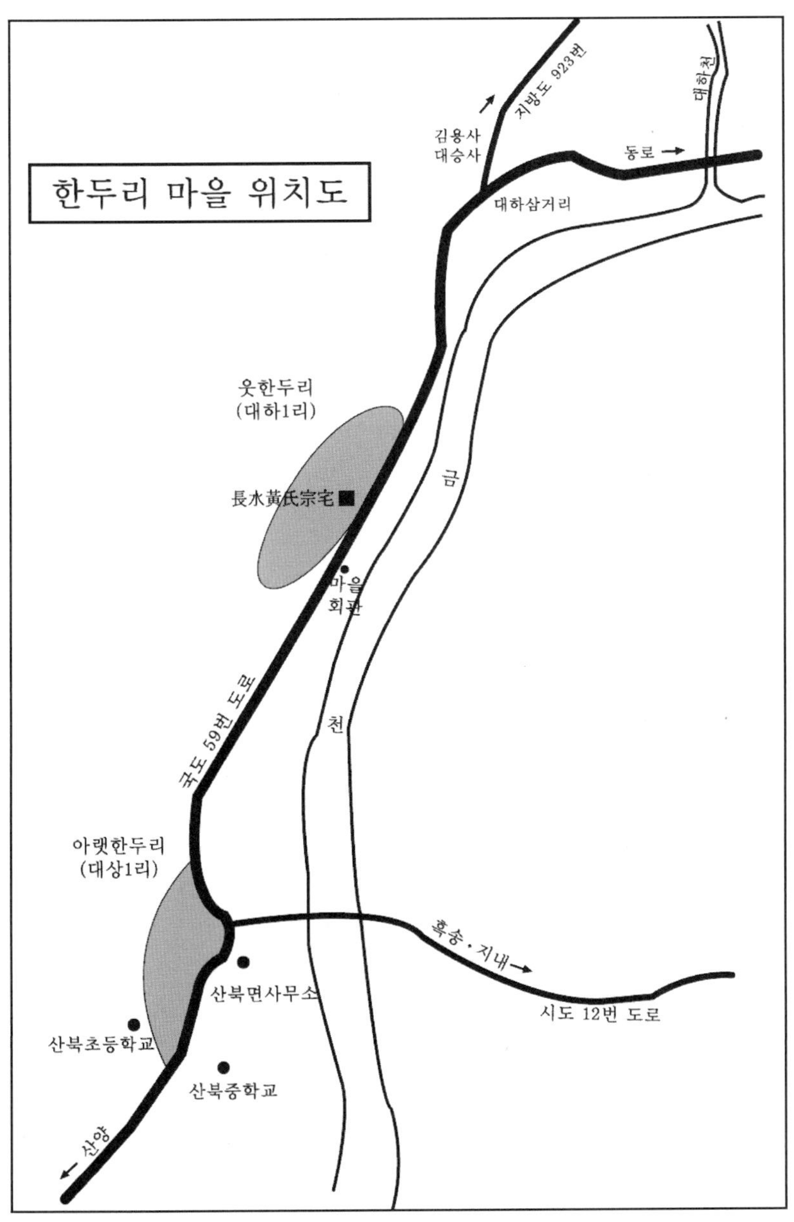

한두리 마을 위치도
지방도 923번
대하천
김용사
대승사
동로 →
대하삼거리
웃한두리
(대하1리)
長水黃氏宗宅 ■
금
마을
회관
국도 59번 도로
천
아랫한두리
(대상1리)
흑송·지내 →
산북면사무소
시도 12번 도로
산북초등학교
산북중학교
상양

다. 1700년대 대종가를 중심으로 집성촌을 이루었던 웃 한두리에
서, 1800년대 들어서 소종가들이 아랫 한두리(대상1리)로 분가하였
던 것이다.[5] 이는 향반가문으로 그만큼 종족 증가로 인하여 세거
범위가 확장되었음을 의미한다.

　조선총독부가 조사한 동성마을 현황에 의하면 상하 한두리에
236가구 1,385명이 거주하였다.[6] 조선 후기 이 지방에서 명문거족
으로 성장할 수 있었던 원인도, 이들의 종족과 세거가 대단히 크고
위세했던 데서 찾을 수 있다. 이리하여 소종손들은 한두리의 북쪽
김용·전두·소야·천주 등 주요 거점 골을 경영하며 사족으로서
의 위치를 굳건히 지켜 나갔던 것이다.

　한두리는 조선 후기에 이르러 시대 변화와 중앙 정치 변동에 능
동적으로 대처하였다. 한두리 장수황씨 문중은 퇴계학맥을 이은 영
남의 주요 거유 문중과는 달리, 기호지방의 인맥과 혼맥 정파를 통
해 당시 집권층인 노론계열로 변전變轉을 하였다.

　조선사회가 개화와 보수의 소용돌이 속에서 국가는 내우외환에
시달리고 있을 때, 한두리를 둘러싼 인근 지역에서도 끊임없이 척
사유림과 농민들의 분기가 일어났다.

　한두리에서 북쪽으로 6㎞ 떨어진 예천 소야(지금의 문경시 산북
면 소야리)는 이 지방 동학의 근거지였다. 1870년대부터 동학은 소
야를 중심으로 활발하게 전개되었다. 이들은 반봉건 반외세를 부르
짖으며 동학농민군으로 조직되어 관군에 맞서 싸웠으나, 1894년 일

---

5)『長水黃氏世譜』 8권, 小尹公派知禮公系司正公.
6) 善生永助,『朝鮮の聚落』後篇, 조선총독부, 1935, 476쪽. 타 성씨가 123호 732명이 살았
　다. 이들은 조선 후기 대부분 하층민이거나 노비였을 것이다. 이렇게 볼 때 19세기 한두리 장
　수황씨의 세력이 대단했음을 알 수 있다.

본군에 의해 이 지방 농민군들도 처참한 최후를 맞이하였다. 또한 남서쪽으로 12㎞ 떨어진 함창에서는, 현감과 이방 향임배들의 불법 탐학에 시달리던 농민들이 1890년 8월에 항쟁을 일으켰다.[7]

한두리에서 남쪽으로 6㎞쯤 떨어진 산양장터는, 1896년 영남유림의 연합의진이 결성되었던 곳이다. 1895년 10월 을미사변이 발발하고 11월 단발령이 공포되자, 안동을 중심으로 한 북부지역 8개 의병진이 함창 태봉의 일본군 병참부대를 공격하고자 연합의진이 결성된다. 이때 문경의 이강년의진도 300여 명의 의병을 이끌고 고모산성에서 전투를 벌였으나 패하고 말았다. 일찍이 산양장터는 1881년 영남의 척사유림 대표 200여 명이 모여, 고종의 개화정책에 반대하는 영남만인소 도회를 열었던 곳이다.[8]

이렇듯 19세기 말 한두리를 둘러싼 주변부의 정치 사회적 변동에도 불구하고, 한두리 장수황씨들은 문중 내부의 결속과 자제 교육에 더욱 힘을 쏟게 된다. 이들은 향촌사회에서 인근의 다른 재지사족과 교유하며 활동하지만, 영남지방에서는 드물게 노론계열이었다. 그리하여 국망의 위기에 이르러 다른 어느 가문보다 먼저 개화의 물꼬를 틔우기 시작하였다.

그러나 한두리는 문중의 해체위기에 직면하게 된다. 1906년 봄 사립도천소학교를 설립하여 문중 자제들과 인근 젊은이들을 위해 신교육을 실시하였다. 이로 인하여 1907년 9월 3일 운강 의병진에

---

7) 신영우, 「갑오농민전쟁과 영남보수세력의 대응」, 연세대박사학위논문, 1991, 59~60쪽, 87
   ~90쪽; 일제조선침략일지 38쪽; 연표로 본 현대사 128쪽; 한국사연표 역문사 166쪽; 강
   효일, 「상주 함창 농민항쟁」, 『상주문화』 5호, 상주문화원, 1994.
8) 권대웅, 「을미의병기 경북북부지역의 예천회맹」, 『민족문화논총』 제14집, 1993, 67~68쪽;
   구자일, 「한말 예천의병전쟁」, 『안동사학』 제6집, 안동사학회, 2001, 72~73쪽.

의해 교사로 쓰던 종택 강당과 마을 전체가 화마火魔를 입었다. 또한 문중의 주요 인사들이 의병들에게 끌려가 고초를 당하였던 것이다. 이리하여 한두리를 이끌어 가던 이들은 충청도등 각지로 뿔뿔이 흩어졌다. 한두리는 그 위세가 급격히 추락하였던 것이다. 이는 한두리가 대종손에 의해 종택 보전의 명맥만 유지한 채, 소수 지파 자손들만 남아 있는 현실이 말해 주고 있다.9)

---

9) 황규욱(59세, 문경시 산북면 대하리 460번지 거주, 대종손: 입향조 황정의 20세손)은 500년 이어온 한두리의 맥을 잇고자 애쓰고 있다. 그는 이곳 장수황씨의 가보주인 호산춘을 제조하고 있으며, 문경지방 서예대가로 후진양성과 황희정승 유물 보전 및 종택 복원을 위해 노력하고 있다. 현재 한두리(대상1리, 대하1리)에는 165가구 365명 중 장수황씨가 19가구 51명만이 살고 있다(2008년 12월 31일 현재 주민등록자).

3. 한두리 장수황씨 가계내력

한두리는 500년 동안 장수황씨長水黃氏가 터를 잡고 삶을 이어
왔다. 황정(黃珽, 황희의 증손자)이 중종 11년 병자년(1516년)에 상
주 중모현에서 용궁현 무이를 거쳐, 아들 황사웅(黃士雄 三陟都護
府使: 1491~1566)과 함께 한두리에 이거하였다. 한두리 장수황씨
는 이들을 입향조入鄕祖라 한다.[10]

입향조 황정黃珽은 세보世譜에 따르면 파조派祖로 올라 있다. 조
선 세종조 명재상 황희黃喜의 2남 보신(漢城小尹)이 한양에서 상주
중모현으로 이거 정착하게 되었다. 보신의 4형제 중 3남 경형敬兄
(知禮縣監) 그리고 경형의 3남 정珽(副司正)이 용궁현 무이의 안동
권씨 사위가 되면서, 황정黃珽과 아들 사웅士雄이 용궁현 무이에서
또다시 한두리로 이거하였던 것이다. 이렇게 하여 한두리 장수황씨
를 소윤공파지례공계사정공파小尹公派知禮公系司正公派 또는 대도
파大道派로 분류한다.

한두리(大道村)가 동족마을로 형성되기 시작한 때는 입향 후 100
여 년이 지난 후이다. 황시간(黃時幹, 1558~1643, 초명: 정간廷幹,
호: 칠봉七峯·도천道川)은 만년萬年에 합천陜川 삼가현감三嘉縣監
추증형조좌랑推贈刑曹佐郎을 역임하였다. 그는 7대조 황희黃喜의 영
정과 유품을 보관하기 위하여 숙청사肅靑祠를 짓고 종택을 마련하
였으며, 정우정淨友亭을 지어 후학을 지도하였다. 서애 유성룡의

---

10) 『長水黃氏世譜』 1, 8권 小尹公派知禮公系司正公 ; 「道川年譜」, 『七峯遺稿』 下, 1647 ;
　　문경시지편찬위원회, 『문경시지(증보판)』 하권, 홍익출판인쇄사, 2002, 826쪽 837쪽.

문하로 당시 상주지방의 거유居儒 우복愚伏 정경세鄭經世, 사서沙西 전식全湜, 창석蒼石 이준李埈과, 도道와 예의禮義 학문學文으로 교유하여 이들과 함께 상산사로商山四老라 불렸다. 임진왜란으로 흩어진 민심을 수습하고 군량미를 조달하여 관군의 지원에 나섰다. 또한 1596년 마을 앞 금천錦川에 대상보大上洑를 설치하고 농사법 개량을 주도하였다.

이곳 한두리 장수황씨 문중에는 이들의 500년 역사를 말해 주는 문서가 전해 내려오고 있다. 입향조 황정黃珽은 그의 아들 사웅士雄에게 내려준 분재기分財記에서, 전답을 특별히 별급別給하고 증조(黃喜)가 손수 사용하던 물건인 산호갓끈·옥연·옥서진 등 몇 가지 보물을 종가에서 간직하여 애써 지킬 것을 당부하였다. 또한 칠봉유고에 기록되어 있는 도천연보에는, 황시간의 일대기가 자세하게 서술되어 있어 조선 중기 한두리의 역사를 알 수 있다.

현재 한두리 장수황씨 종택은 지방문화재자료 제236호로 지정되어 있으며, 이곳에 지방유형문화재 제123호로 지정된 황희의 영정과 유물이 보관되어 있다. 또한 종택의 400년 역사를 증명하는 정원에 심어져 있는 탱자나무는 지방기념물 제135호로 지정되어 있다. 이리하여 한두리는 황시간으로부터 손자 상중에 이르러, 상주지방 주요 향반의 가문으로 번창하는 터전이 되었던 것이다.[11]

---

11) 「黃珽分財記」, 1500; 「道川年譜」, 『七奉遺稿』 下, 1647; 문경군, 『내고장 전통가꾸기』, 성문인쇄사, 1982, 63~64쪽.

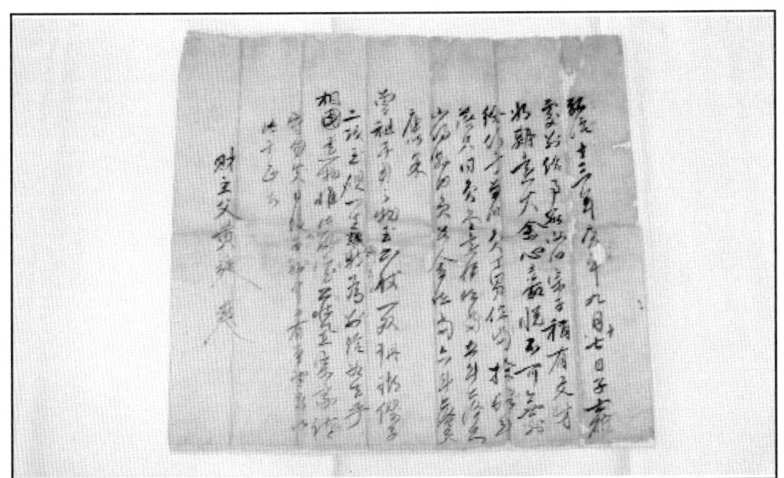

1500년(연산군6년) 입향조 黃珽이 아들 士雄에게 남긴 分財記

黃時幹의 道川集 및 七峯遺稿 上·下

한두리 장수황씨 종택(지방문화재자료 236호)

황상중(黃尙中, 1619~1680)은 한두리 장수황씨가 대대로 퇴계 학맥을 이은 남인 집안에서 노론으로 전향을 시도하였다. 그는 일찍부터 상주의 서인계西人系 신석번·민정중의 문인으로 교유하였고, 상주지방의 대표적인 서인가문西人家門 창녕성씨昌寧成氏와 혼인관계를 맺었다. 이리하여 그는 1663년(현종4년) 남인과 서인의 극렬한 대립을 가져온 우율승무에 대한 찬승소를 올렸다. 또한 1678년(숙종 4년) 우암 송시열에 대한 변무소를 올림으로써, 조선 후기 노론계열로 기호지방과의 인맥과 정파를 이루게 된다.[12] 황시

---

12) 갑술환국(숙종 20년, 1694년) 이후 노론이 중앙정국을 장악함에 따라 영남지역 내에서 노론으로 학연과 당파를 전향하는 인물이 나타났다. 이들을 신생노론이라 한다. 黃尙中(광해군 11, 1619년~숙종 6, 1680년)은 일찍부터 신석번·민정중의 문하에서 종유하여 문행으로 추앙받았다. 그는 경인년(효종1, 1650년) 종사반대소에 참여하였으나 태도를 바꾸어 영남인들을 놀라게 하였다. 이러한 변화는 무오년(숙종 4, 1678년)에 우암변무소를 올리는 것으로 이어졌다. 이연숙, 「17~18세기 영남지역 노론의 동향－송시열 문인가문을 중심으로」, 『실학사상연구』 23, 2002, 91·96쪽.

간·황상중·신빈(신석번의 자)은 후손들에 의해 이곳 한두리 도천사
道川祠에 배향되었다.13)

상중尚中이 죽고 그의 6세손 세룡世龍이 태어나기 전까지, 18세기
전후 1세기 동안은 뚜렷한 인물과 행적이 나타나지 않는다. 이 시기
는 선조들의 학문과 도의 위업을 계승하며, 인근 주요 향반 가문들
과 교유 향촌사회를 주도하는 재지사족으로 문중을 이끌어 나갔다.

문벌과 경제적인 기반으로 세勢를 이루었던 한두리 장수황씨 문중
은 19세기에 이르러 많은 인물을 배출하였다. 황세룡(黃世龍: 1754
년~1823년, 入鄕祖 黃珽의 12세손)은 아들 3형제(智默·守默·老
默)를 두고 기호지방과의 학맥과 혼맥을 통해 문중자제들을 교육시
켰다. 그의 손자 증손자 고손자에 이르러 조선 말기에는, 당내간에 8
진사를 배출(1864~1891)하여 '한두리 8진사'로 명성이 드높았다.14)

한두리 인사들은 근대에 접어들어 기호지방 인사들과 교유하면
서 한양을 내왕하였다. 이들은 나라 안팎으로 변하는 새로운 정세
를 파악하고 조선사회가 당면한 현실을 직시하게 된다. 이들은 문
중의 앞날을 보전하고 제자 교육을 위해, 이 지방 다른 어느 가문
보다도 먼저 단발과 개화에 앞장섰다. 그리하여 한말에는 신교육
구국운동에 동참하였다. 신교육 개화사상을 받은 자제들은, 일제강
점 초기 총독부의 중앙과 지방 하급관리로 진출하였다. 그러나 이
들은 3·1운동 이후 독립운동에 투신하게 된다.

---

13) 문경문화원, 『문경대관』, 을지사, 1986, 152쪽.
14) 『長水黃氏世譜』 8권, 小尹公派知禮公系司正公.

始祖 경(瓊)

4세 희(喜) - 수(粹)

5세 致身 - **保身**(少尹公) - 守身 - 直身

6세 友兄 - 從兄 - **敬兄**(知禮縣監公) - 恭兄

7세 璲 - 璡 - **珽**(司正公) - 璉

8세 **士雄**

9세 伯倫 - 福倫 - 台倫

11세 **時幹** - 廷俊

13세 **尙中**

18세 **歲龍**

19세 智默 -

20세 基進 - 基定 -

21세 永周 - 秉周 - 翊周 - 金進淵(金思容의祖父) 肯周

22세 義建 **義弼**(도천학교설립) 申錫兢(申泰駿의父) **義民** - 義

(도천학교운영)

宋奉洙(宋南憲의 祖父)

李康純(雲崗의 6촌)

23세 浩淵(도천학교운영)

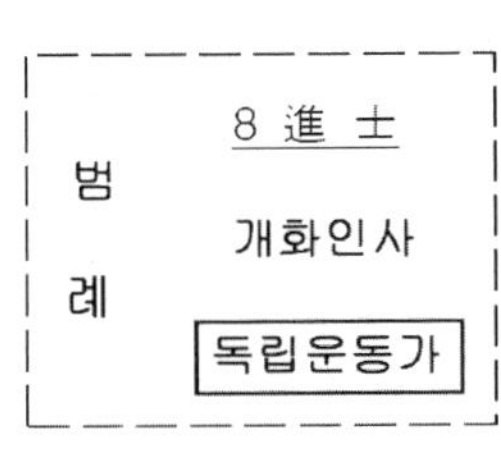

守黙 —   老黙   宗黙
| | |
基東 – 基南 – 基旭   基鍾   基泰

周 – 福周   鶴周   晃周   範周   甲周   軾周
晩 義鶴 – 義鳳   義一   義憲   義睦   義衡   義博   義周
憲
                  金弼秀(金思容의父)

                  石淵(妻:金熙重의妹)
鍾淵   台淵(妻:申泰駿의子)   鶴淵
淵(鈺)   正淵
淵

　한두리 장수황씨 문중과 관련하여 일제강점기 독립운동의 길을 걸었던 인물은 7명이다. 의열단의 제2차 대규모 국내폭파계획에 의한 폭탄반입 주모자 황옥을 비롯하여, 정의부명의 격문작성 배포와 조선공산당 재건운동에 참여했던 황직연(황옥의 제), 북경 보합단의 국내 독립지단 설치와 만주동포 민족문제 해결에 앞장선 총책 김희중(황옥의 재종매제), 그리고 황정연(황옥의 종제)과 이들에게 군자금을 지원했던 황의목(황옥의 재당숙), 그 밖에 신교육 계몽운동과 독립운동 대열에서 황옥과 함께하였던 김사용(황옥과 내외종), 일제 말 단파방송사건 가담과 우사 김규식의 비서로 남북협상에 참여했던 현대사의 산증인 송남헌(황옥과 내외종질) 등이 있다.

제2장 한두리의 신교육 운동

1. 한두리 개화인사들

    한말 한두리에 개화와 신교육을 일으킨 인물은 황의필이다.[15] 그는 일찍이 서울에서 신학문을 공부하고 언론계에 종사하면서 한두리에 사립도천소학교를 설립하였다. 한두리 도천학교 설립은 그의 개화와 신교육 의지였다. 당시 언론에서는 위기에 처한 나라를 구하는 길은, 오직 학교를 설립하여 교육을 진흥시키는 일이 급선무라 하였다. 서울에서 활동하던 지방인사들은 고향의 문중을 중심으로 사립학교를 설립하였던 것이다. 특히 근대의식에 민감했던 개화인사들과 신지식층은 단순히 자신들의 종족 보전과 가문 유지를 위한 자제교육만을 추구한 것은 아니었다. 이들은 민족을 살리고 국권을 회복

---

15) 황의필(1866~1951)은 일찍이 상경하여 한성신학연구원에서 신학문을 이수하고, 한말 친일계 대표적인 언론(한성일보 · 대동일보 · 대한일보 · 국민신보: 1901~1907)에서 기자 겸 주필을 지냈다. 한두리 개화 신교육에 힘써 1906년 도천학교 설립하고 1908년 교남교육회 평회원으로 가입하였다. 한일합방 전후 문경군수(1909~1910) 역임, 일제강점기에는 한두리에서 시작과 독서로 운둔생활을 하였다. 「請設小校」, 『황성신문』 잡보, 1906년 7월 20일자; 「黃郡守 發令」, 『대한매일신보』 잡보, 1909년 2월 17일자; 『조선총독부직원록』, 1910; 황의필유고집, 『樗齊遺稿』, 1990.

한두리 개화를 선도한 도천학교 설립자
황의필(1866~1951)

하는 애국계몽운동, 즉 신교육 구국운동으로 확산시켜 나갔던 것이다.[16] 이 운동은 러일전쟁과 을사조약 이후 나라가 식민지화할 급박한 위기에 처한 시기에 일어났다.

일제의 막강한 힘을 실감한 신지식층들은 우승열패·약육강식·적자생존의 냉혹한 현실을 목격하였다. 이들은 제국주의의 힘의 논리(지배)에 대한 사회진화론을 더욱 믿게 되었다. 사회진화론은 당시 일제에 침탈당하는 조선의 현실을 적합하게 설명한 이론으로 개화 신지식인들이 경도되었다.[17] 개화 신지식층에 의해 위기에 처한 나라를 구하고자, 문명개화를 통한 신학문 신교육 사립학교 설립운동이 전국적으로 일어났다. 그리하여 이에 대응하는 힘을 기르고자 계몽운동을 절감하게 되었다. 이는 민지民智를 계발하고 민력民力을 양성해야 된다는 교육구국운동으로 발전되어 전국적으로 퍼져 나갔던 것이다.[18]

황의필의 사상적 배경에는 이와 같이 한말 지식인에 공통적으로

16) 김상기, 「한말 사립학교의 교육이념과 신교육구국운동」, 『청계사학』 1, 1984, 64·71쪽.
17) 최기영, 『한국 근대 계몽사상 연구』, 일조각, 2003, 22~29쪽.
18) 신용하, 『한말 애국계몽사상과 운동』, 한국사학 1, 1980, 272쪽.

작동한 사회진화론적인 세계관이었다. 그는 문명화 근대화된 일제의 실력(무력)을 직접 보았다. 국민신보 주필로 있을 당시 개화 신교육의 필요성을 누구보다도 먼저 깨달았던 것이다. 그는 정혼定婚한 자신의 딸을 파혼破婚까지 하면서 가장 먼저 여학교에 입학시켰다. 당시 언론은 그의 결심을 대단히 높게 평가하였다.[19] 한두리 개화인사들이 한말 일제하에 순응과 대응, 즉 협력과 저항의 모습을 나타내는 것은 황의필의 사회적 배경과 영향이었다.

한두리 개화인사들은 교남교육회 회원으로 가입하였다. 황의필을 비롯하여 신태준(황의필의 내외종질)·황의목·황의형·황의박·황의주(종형제)·황정연(종질)이 있다.[20] 그 밖에 도천학교 설립과 운영을 담당했던 황호연(종질, 대종손)과 황의민(종형)이 있으며 이들은 대부분 8촌 이내 당내간이다.[21]

교남교육회는 1908년 3월 8일 재경 영남인사 140여 명이 보광학교에서 발기인회를 개최하였다. 사범학교 설립으로 교원을 양성하고 지회 설립을 통해 경상도 각 군에 학교 설립 각 면 1교를 목표로 하였다. 이것은 교남교육회가 계몽운동단체로서 설립이념인 신교

---

19) 「破婚敎女」, 『황성신문』 잡보, 1906년 2월 23일자.
20) 申泰駿(1879~1959): 의성에서 출생하여 외가(한두리)에서 성장하였으며 도천학교 출신이다. 그는 1908년 황옥과 같이 도천학교 재건운동에 힘썼다. 일제강점기 제천에서 곡물상을 하였으며 황옥이 의열단의거로 서대문형무소에 수감되었을 때 가족들을 뒷바라지하였다.
   黃義博(1883~1938): 충정북도 군서기(1910년 10월)를 거쳐 평안도 익산 개천 용강군수를 지냈다.
   黃義衡(1883~1936): 한두리에 은거하였으며 詩文에 뛰어났다.
   黃義周(1884~1964): 충남 조치원, 두마공립보통학교 훈도로 재직하였다(1924~1931).
   黃義睦(1871~1940): 영남상애회 구락부 활동을 하였으며 황정연의 보합단 국내지단 군자금을 지원했다.
   黃正淵(1891~1955): 1921년 북경에서 조직된 제2차 보합단 국내지단 설치 책임자로 활동하다 일제 경찰에 발각되어 옥고를 치렀다.
21) 『長水黃氏世譜』 8권, 小尹公派知禮公系司正公.

육구국운동을 실현하기 위한 것이었다. 이 학회는 창립 이래 1910년 5월까지 총 615명의 회원이 가입되었다. 경북지역(대구포함) 409명 중 문경출신은 18명이며, 이 가운데 한두리 장수황씨 문중에서 7명이 가입하였다.[22]

≪교남교육회잡지≫

한두리에서 많은 인사들이 교남교육회에 가입하게 된 계기는 도천학교 재건운동과 관련이 있다. 1906년 봄 사립도천소학교 설립 후, 1907년 9월 운강 의병진에 의해 화마火魔를 입고 폐교의 위기에서 일어났던 1908년 도천학교 재건운동이다. 이때 교사와 학생들은 지역유지 군수 관찰사 등을 찾아가 도천학교 지원을 요청하였다. 따라서 이들은 영남의 개화인사들이 모인 교남교육회 가입을 통해, 학교 운영의 당면한 난국을 타개하고자 하였던 것이다. 황의필은 교남교육회에 특별의 연금을 두 차례나 기부하였다. 이들의 중심에서 황의필은 늘 앞장섰다. 그에 의해서 문중인사들이 다수 교남교육회에 가입하였던 것이다.

도천학교는 한두리 개화인사들의 이러한 노력과 움직임에도 불

---

22) 권대웅, 「한말 교남교육회 연구」, 『중산정덕기박사화갑기념 – 한국사의 이해』, 경인문화사, 1996, 888~889쪽; 한국학문헌연구소 편, 「교남교육회잡지 제1호~제12호」, 『한국개화기학술지』, 아세아문화사, 1989.

구하고 폐교하게 된다. 이는 일찍이 동학이 활발하였고 위정척사로 무장된 운강의 의병전쟁이 치열했던 지역사정과 무관할 수 없다. 개화 신학문은 곧 친일행위라는 인식이 지배하였던 의병의 항일운동 정신과 배치되는 일이었기 때문이다.

당시 조선사회는 일제에 의해 유린되는 국권을 회복하고자 개화파의 실력양성을 통한 애국계몽운동과, 금수만도 못한 왜놈들을 즉각 물리치고 나라를 바로 세워야 한다는 구국 일념의 의병전쟁이 치열하게 전개되고 있었다. 이는 개화와 보수라는 대립된 개념으로 일제의 무력 앞에 대처하는 방략이 달랐음을 의미하기도 하였다. 이러한 갈등은 문경 지역사에서도 나타나고 있다. 운강은 1904년 러일전쟁과 1905년 을사조약, 1907년 고종의 강제퇴위와 군대해산이라는 국망의 위기에 이르러 침략자 일본 군대에 맞서 전면전에 나섰던 것이다.

한두리 신교육 구국운동은 비록 성공하지 못하였으나 결코 폄하하거나 간과해서는 안 될 것이다. 수많은 난관과 어려움 속에서도 3년 동안 신교육을 지속할 수 있었던 것은, 한두리 개화인사들의 끊임없는 노력과 헌신이었다는 점을 부인할 수 없다. 도천학교는 많은 인재들을 배출하였다. 이들 대부분이 일제의 무단통치하에 총독부의 하급관리로 몸담게 된다.[23] 그러나 민족적 자각과 대각성기를 거쳐 성장한 이들은 3·1운동 이후 독립운동계열에 투신하였다. 도천학교가 그 밑거름이 되었던 것이다.

---

23) 이들 대부분은 재판소 서기 및 통역생, 임시토지조사국 측량과 기수, 또는 총독부 군서기, 보통학교 훈도 등으로 근무하였다.

2. 사립도천소학교 설립과 운영

한두리에 사립도천소학교를 설립하게 된 배경은, 1906년 3월 고종황제의 흥학조칙에 이어 경북관찰사 신태휴의 흥학훈령 발포였다. 관찰사 신태휴는 각 군 각 면에 훈령하여 학교 설립을 추진하였다. 또한 대구광문사의 협조를 받아 각 군을 순회하며 학교 설립을 독려하고, 각 군 유생들에게 권학문을 발송하여 학교 설립에 매진하여 줄 것을 권유하였다.

경북관찰사 신태휴의 「興學訓令」은 경북지방 사립학교 설립운동에 기폭제가 되었다. 그 내용은 다음과 같다.

- 각 군의 100호마다 하나의 학교를 설립하되, 민호가 극빈하고 학원이 부족하여 학교 설립이 어려우면 200~300호를 합하여 하나의 학교를 설립할 것
- 학교 경비는 100호가 매월 각 1냥 5전씩 학교에 납부할 것
- 10호 내에서 취해야 할 子, 弟, 姪이 취학하지 않는 경우에는 그 父叔兄을 처벌하며 매삭 벌금 1냥 5전을 학교에 납부하여 경비로 충당하고 완강히 거부하는 자는 지명 보고할 것
- 각 면 각 동의 서당은 모두 폐지하고, 숙사는 머물지 말 것이며, 그 세입전곡이나 전답은 학교로 부칠 것
- 학교과학규정은 군수와 교사가 상의하여 정할 것
- 학도의 연령은 8세부터 30세까지로 할 것
- 학도의 경기, 교사의 택정, 학도의 모집, 교비의 수납은 통장이 군수의 지휘 감독을 받아 성실히 거행할 것
- 통장이 성실치 않으면 군수가 정치하고, 심하면 관찰부가 엄징할 것
- 학교 시설에 있어서 의연 보조하면 돈의 과다에 따라 널리 선양할 것[24]

한편 경북관찰사 신태휴는 관하 41개 군에 발한 흥학훈령에서, 만약 인민이 학령이 지나도록 학교에 보내지 않으면 그 부형으로 하여금 강제로 입학하게 할 방침을 천명하였다. 또한 100호마다 반드시 하나의 학교를 설치하고, 학교 경비는 각호마다 정액을 내도록 하며, 학도를 취학시키지 않는 자는 관에서 응징하고 벌금을 물도록 했다. 또 각 면 동의 서당을 폐지하고 그 세입전곡이나 전답을 학교에 부속시키도록 했다.[25] 이리하여 1906년 6월경 경북지역에는 41개 군에 370여 개 학교가 설립되었다. 학생 수는 4,500명에 달하였다.[26]

문경지방에는 1906년 봄 한두리 도천학교를 비롯하여 경달학교(신현)·육영학교(문경)가 설립되었다.[27] 그 외 적성(동로)과 외어(마성)에서도 신학교 설립 움직임이 있었다.[28] 신현의 경달학교는 저부실(마성 오천) 유지 강신묵에 의해 설립되었으나 1년 정도 운영하다가 폐교되었다[29]. 문경읍의 육영학교는 이름만 존재할 뿐 설립자나 운영과정을 알 수 없다. 마찬가지로 지역 유지들에 의해 설립되었으나 제대로 운영하지 못하였을 것이다.

도천학교 운영과 관련된 명확한 자료는 남아 있지 않다. 그러나 당시 신문(황성신문·대한매일신보)에 보도된 내용을 살펴보면 학교운영 과정을 짐작할 수 있다. 이 학교는 문중에서 운영하던 도천서당을 근대식학교로 개편하여 설립되었다. 설립 당시에는 문중재

---

24) 권대웅, 「한말 경북지방의 사립학교와 그 성격」, 『국사관논총』 58집, 1994, 28~30쪽.
25) 「興學訓令」, 『황성신문』, 1906년 3월 19~23일자.
26) 「嶺校擴張」, 『대한매일신보』, 1906년 6월 3일자.
27) 박철순, 『麻姑城面(麻城面)』 2001, 28쪽.
28) 내재문화연구회편, 「운강선생유고 부록 제2권 ─ 창의사실기, 박정수·강순희편」, 『雲岡集』 내재문화자료총서14, 학민문화사, 2007, 140~141쪽.
29) 「오천리권농회 80년사」 자료집, 1991.

산을 기본으로 운영하였으나, 인근 각 고을 서당 재산을 기부받고 주민들로부터 교비를 징수하여 운영이 지속되었다.

　소학교 과정으로 한문과 신학문을 교과목으로 하였다. 1906년 8월 보통학교령에 정해진 교과목이 제대로 운영되지 못하였을 것이다. 이는 당시 교사 부족에 기인한 것으로 교사의 확보 여부에 따라 교과목이 설치되었다.[30] 사립도천보통학교는 일본인 교사 청성연성淸成連城를 초빙하여 한문교사와 함께, 일어와 한문을 비롯한 국어·산술·역사 등 기본적인 신학문을 가르쳤을 것이다. 교사校舍는 종택 강당을 사용하였으며, 학생 수는 문중 자제들과 인근의 학동 50여 명이었다. 학교직제는 알 수 없으나 학교 운영에 직접 관계했던 사람은 황호연과 황의민이다.[31]

「請設小校」, 『황성신문』 잡보, 1906년 7월 20일자.

---

30) 김영우, 『한국개화기의 교육』, 교육과학사, 1996, 105~113쪽.
31) 「남방소식」, 『대한매일신보』, 1907년 9월 8일자.

도천학교는 설립 후 공립으로 허가해 줄 것을 학부에 청원하였다. 당시 지역사정과 학교운영이 얼마나 힘들고 어려웠던가는, 설립자 황의필이 학부에 청원하였던 내용에서 극명하게 드러나고 있다.[32]

그는 이 지방 풍속이 우매하고 동학과 의병이 도처에 득세하여, 학동들에게 개화 신교육이 어려움에 이르니 학부에서 특별히 인가하여 장려하여 주기를 청원하였다. 궁벽하고 우매한 산골 한두리에서, 개화 신교육의 불을 지피고자 노심초사 애쓰는 그의 모습이 역력히 나타나고 있다. 그는 또 신교육을 배척하는 무리들로 인해 상부에서 보호해 주지 않으면, 도천학교가 언제 어떻게 될지 모르는 일이라 하며 학교운영의 급박한 상황을 말해 주고 있다.

한두리 개화지식인들은 종택 강당에서 신교육을 실시하지만 여러 난관에 부닥치며 어려움을 겪게 된다. 이 지방 척사 유림들의 구학 숭상과 단발과 개화 신학이 나라를 망하게 한다는 인식에 영향을 받지 않을 수가 없었다. 더구나 운강의 막강한 의병세력이 활동하고 있던 지역으로 그 영향을 받지 않을 수 없었던 것이다.

안동문화권에 속하는 이 지역은 조선 후기 이래로 성리학적 전통이 가장 강한 지역이었다. 한말 이래 위정척사의 본거지, 즉 구세력의 근거지였을 뿐만 아니라 구체제 옹호세력이 막강하였다. 이를 바탕으로 한 의병항쟁의 중심지였기 때문에 신학문에 대한 거부반응이 가장 강한 지역으로 남아 있었다. 이로 인해 지역사회 지도급 인사였던 유림, 서당의 훈장 등은 신학문이 흥왕하면 구학문이 쇠퇴해진다고 하여 사립학교의 신설을 강력히 반대하였다.[33]

---

32) 「講設小校」, 『황성신문』 잡보, 1906년 7월 20일자.
33) 『대한매일신보』, 1906년 12월 28일자.

도천학교는 이와 같은 지역 현실 상황 속에서 3년간 운영되었다. 문중인사들이 중심이 되어 설립한 도천학교는, 인재양성을 통하여 문명개화와 부국강병을 이루고 나아가 국권회복의 원동력을 키우고자 하였다. 한두리 개화인사들은 국망의 위기에서, 신교육을 통하여 구국운동으로 나가고자 하였던 것이다.

그러나 1907년 9월 3일 운강 이강년 의병부대와 그의 별동부대들에 의해, 교사로 쓰던 종택 강당과 마을 전체가 소실消失되고 문중인사들이 잡혀가 고초를 겪는 등 위기를 맞이하게 된다. 도천학교가 의병들에게 표적이 되었던 주된 이유는, 일진회에 의해 설립되어 일인교사를 초빙 교수하고 주민들로부터 교비라는 명목의 학교운영비를 강제 징수하였다는 것이다.34)

운강의 의병부대는 협조자와 반대자를 철저히 가려 처단하면서 이동하였다. 이들은 1907년 8월 24일 충주를 떠나 월악동을 거쳐 단양 동로적성에 이르렀다. 9월 1일 전후로 운강의 주력부대와 별동부대가 속속히 문경으로 집결하였다. 운강의 주력부대는 한두리에서 북쪽으로 10㎞ 떨어진 대승사와 김용사에 유진하고 있었다. 이 의병부대는 문경의 일본인 가옥을 소각하고 우편소와 헌병분견대를 파괴, 일본군과 조령·갈평·적성 등지에서 치열한 전투를 벌였다. 이때 도천보통학교는 9월 3일 운강이 이끄는 일단의 별동부대에 의해 화마火魔를 입고 문중인사들이 붙들려 가 고초를 겪었다.35)

일찍이 운강은 문경의 사립학교 설립운동과 관련하여 지역인사들에게 강력히 경고한 바 있다. 운강은 어설픈 지식으로 개화사상

---

34) 「남방소식」, 『대한매일신보』, 1907년 9월 8일자.
35) 구완회, 『한말 제천의병 – 호좌의진 연구 – 』, 집문당, 1997, 288~289쪽.

을 논하는 자에 대해 몹시 불쾌하게 생각하였다. 그는 "나의 칼은 이들을 만단萬段으로 참斬할 것이니 내 칼은 사정私情이 없는 것이다."라고 격노激怒하였다.[36] 이와 같이 운강은 비장한 결의로써 의병부대를 지휘하였으며 대일 항전에 임하였던 것이다.

---

36) 내재문화연구회편, 「운강선생유고 부록 제2권 – 운강사실추록, 민순호」, 『雲岡集』 내재문화 자료총서14, 학민문화사, 2007, 225~226쪽.

3. 사립도천보통학교 재건운동

의병에 의해 폭화를 당한 한두리 도천학교를 재건하려는 움직임이 교사教師와 학생들 사이에서 일어났다. 소실된 교사校舍를 수습하고 학교에 속해 있던 교비와 재산을 모아 학교운영에 힘을 쏟게 된다. 1908년 봄 문중에서는 다시 학교를 재건하여 운영하였으나 재정난으로 폐교의 위기에 처하게 된다. 이러한 가운데 황철연(황옥)과 신태준은 도천학교 재건을 위해 활발한 운동을 벌인다. 이들은 1908년 10월 학교를 일으키고자 문경군수와 경상북도 관찰사를 찾아가 지원을 요청하는 등 적극적인 활동을 벌였다. 이들의 활동을 당시 대한매일신보와 황성신문에서는 다음과 같이 상세히 보도하여 격찬激讚하였다

문경군 북면에 사는 유지신씨 제씨가 발기하여 도천학교를 설립하고 청년을 모집하여 열심히 교수하다가 작년에 학교집을 불에 태와 폐지할 지경에 이른지라 그 고을 각 사숙에 있는 재산 이천여 원을 그 학교에 부속하야 달라고 그 고을 군수 신용진씨에게 청원하였더니 부령이 없어 인허치 못하겠다함으로 그 학교 학생 황철연(황옥) 신태연(신태준) 양씨가 단지하야 혈서로써 그 관찰도에 청원하였음으로 양씨의 교육열심을 사람마다 칭송한다더라.[37]

聞慶郡 北面 大土里 居하는 黃喆淵 比安郡 中下面 淸湖洞 居하는 申泰俊 兩氏가 작년 3월분에 發起하야 聞慶郡 북면 大土里에 道川普通學校를 設하고 生徒 50여 명을 모집하야 共히 修業하더니 本年에 至하야 경비가 부족함으로 廢校할 頃에 至하야 維持方針으로 本郡守에게

---

37) 「兩氏熱心」, 『대한매일신보』, 1908년 10월 6일자.

請願하였더니 不爲應訟함으로 該黃申 兩氏가 斷指血書로 本觀察道에
請願하였더니 該觀察使가 該兩人을 接見하고 爲先 기 斷指處를 現今
治療中이라더라.38)

황철연(황옥)과 신태연(신태준)은 도천학교 운영의 어려움을 타개
하고자, 문경군수를 찾아가 교비를 지원해 달라고 청원하였지만 거
절당하였다. 이들은 대구로 내려가 단지斷指와 혈서血書로, 경북관
찰사 박중양에게 도천학교를 지원해 줄 것을 청원하는 등 활발하
게 활동을 벌였던 것이다. 그러나 당시 상황은 통감부의 사립학교
탄압 정책에 따라 움직일 수밖에 없는 관찰사로서도 대책을 세워
줄 수가 없는 실정이었다.

도천학교 운영에 따른 주변 환경과 내외적 여건은 매우 어려웠
다. 당시 전국적으로 일어났던 신교육 구국운동에 힘입어, 각 지방
마다 군수와 지역유지들이 힘을 합쳐 사립학교를 설립 운영하고
지원하였던 사정과는 달랐던 것이다. 문경군수 신용진의 도천학교
에 대한 횡포는 극심했다. 그는 구학을 숭상한다는 이유로 도천학
교에 기부한 각 서당의 재물을 탈취하고, 도천학교를 반대하는 사
람들을 내세워 학생들을 붙잡아 가두기도 하였다.39) 도천학교는 문
경군수 신용진40)의 구학숭상에 따른 완고한 반대에 부닥치고, 운강

---

38) 「斷指生徒治療」, 『황성신문』, 1908년 10월 16일자.
39) 聞慶郡 山北面 道川學校는 昨秋에 焚掠의 禍를 酷遭하야 今春에 重建하였는데 該地民
俗이 愚暗하야 一般沮害하는 中에 該郡守 辛龍鎭氏가 舊學問을 崇尙한다 藉稱하고 該
校에 寄附한 各書堂 財物을 盡爲奪還하며 學校 反對한 者의 誣訴를 因하야 該校生徒
二人을 嚴牌捉去 하는데 其牌旨에 云하되 報府嚴懲 次로 星火捉來라 한지라. 該校漢文
敎師가 其捉來 理由를 질문하되 審辯도 아니하고 엇지 報府嚴懲하며 若有査實事하면 校
員이 自在하즉 招引狀이 가하거늘 엇지 학도를 星火捉待하는가 한즉, 郡守가 쏨하되 舊
習文套 如是하다하며 該校 重建 落成式에 隣邑郡守와 日本官憲이 擧皆衆式호대 本郡
守는 請而不來하여 該校를 期於沮害하야 打破乃已하였은즉 如此한 郡守는 開明의 魔賊
이라 敎育界에서 一大評論이 有하리라더라. 「學校魔賊」, 『황성신문』, 1908년 5월 17일자.

의병진이 일본군과 전투를 벌이고 있던 지역상황으로 말미암아 운영이 더욱 어려워졌던 것이다. 도천학교를 지속적으로 운영하기엔 매우 어려운 현실에 직면하였던 것이다.

도천학교 운영이 더욱 어려운 상황에 직면하게 된 것은, 1908년 8월 일제 통감부의 사립학교령 공포에 있다. 사립학교령은 3,000원의 기본금을 확보하도록 강제하고 기부금품모집취체규칙 및 지방비법의 실시였다. 이는 전국적으로 널리 퍼져 있는 5천여 개에 달하는 사립학교 운영의 재원을 차단하여, 결국 많은 사립학교가 폐교하기에 이른다.[41]

당시 사립학교 운영 재원은, 1906년 3월 경북관찰사 신태휴의 흥학훈령에 따라 각호마다 정액을 내도록 하였다. 서당을 폐지하고 그 세입전곡歲入錢穀이나 전답田畓을 학교에 부속시키도록 하여 충당하였다. 또한 향교의 건물 및 학전學田, 원토院土 등의 기본재산과 지방유지로부터의 기부금 등을 학교 재원으로 하였다. 이렇게 마을, 면, 군 단위로 간친회나 찬성회 등과 같은 학계를 조직하고, 지역의 공공재산 군수 및 관리와 지방 유지들의 기부금을 토대로 설립 유지되었다.

일제 통감부는 남설되는 사립학교를 억제하고자 1908년 8월26일 칙령 제26호로서 사립학교령을 공포하였다. 사립학교 설립운영 기본금을 3,000원 이상을 적립하도록 요구하여 사립학교 운영을 어렵

---

40) 신용진(辛龍鎭: 1852~1922) 문경군수(1907~1908) 재임 중 단발에 항거하여 삭발 후 혜국사에 칩거, 한일합방 후 김용사에 은거. 「단발후 환임」, 『대한매일신보』 잡보, 1908년 10월 6일자, 1909년 5월 18일자; 『靈山·寧越辛氏大同譜』 一卷.
41) 유한철, 「한말 사립학교령 이후 일제의 사학탄압과 그 특징」, 『한국독립운동사연구』 2집, 1988, 75~85쪽.

게 하였다. 도천학교도 이러한 영향을 받지 않을 수 없었다.

이러한 상황 속에서, 한두리 개화인사들은 도천학교 운영의 어려운 국면을 극복하고자 나섰던 것이다. 이들은 재경 영남인사들이 설립한 교남교육회에 가입하였다. 한두리 개화인사들은 영남의 다른 어느 지역보다도 먼저 학교를 설립하여 운영하였다. 이리하여 이들은 무엇보다도 재정적 어려움에 처해 있는 도천학교를 일으키고자 많은 인사들이 가입하였던 것이다.

한두리 개화인사, 도천학교 교사와 학생들은 학교 재건을 위해 온힘을 다하였다. 이들은 일제에 의해 무너져 내리는 국운 앞에서 민족과 나라를 구하는 길이라 생각하였다. 이 땅의 젊은이들이 신교육과 신학문으로 무장되지 않으면 안 된다는 절박한 심정이었다. 비록 나라는 일제에 침탈되고 있지만, 이것이 민족의 힘을 보전하고 국권을 회복하는 길이라고 확신하였던 것이다. 온 국민이 신교육을 통해 신학문을 배워 실력을 양성해야 된다는 것을 깨달았던 것이다.

그러나 이들의 이러한 노력에도 불구하고 도천학교는 폐교되고 만다. 이는 한두리 마을 전체가 의병들에 의해 난리를 당하고 문경군수 신용진의 완고한 신학문 배척이 직접적인 원인이었다. 또 한편 일제 통감부의 사립학교 탄압 정책 실시는 도천학교가 재건될 수 없는 상황이었다.

이는 국망의 위기에서 대표적인 문경지방의 개화와 위정척사의 갈등이었다. 아울러 일제에 의해 침탈된 국권을 회복하고자 대응하는 방략이 달랐음을 극명하게 보여주는 사례라 할 수 있다. 당시 영남의 최북단 산골 한두리에서, 구학에 머물렀던 보수 관료출신의 위정척사 계열과 장수황씨 개화인사들은 국난에 대처하는 방략이 달랐던 것이다.

한두리의 신교육 개화사상에 영향을 받은 황철연(황옥)·황직연·황정연·김희중 등 도천학교출신 젊은이들이 일제강점하 독립운동계열에서 활동하는 등, 그들이 가진 민족적 위기의식과 독립사상은 일찍이 한두리의 개화 신교육에 의한 것임을 말해 준다.

제2부

의열단과 黃鈺

재판정에 선
황옥(왼쪽)과 의형제를 맺은 김시현(오른쪽)외 의열단동지들(뒷줄)

제3장 성장과 독립운동 투신

1. 재판소서기 및 경찰간부 특채

　황옥은 1887년 5월 3일 경상북도 문경시 산북면 대하리 459번지에서 태어났다. 황옥의 집안은 조부(泰周, 1831～1905)와 종조부(福周, 1845～1920) 출계出系한 삼촌(義憲, 1852～1903)이 진사였다. 황옥은 아버지(義晩, 1850～1905)와 어머니(星山李氏) 사이에서 3남3녀중 2남으로 태어났다. 그는 아버지가 돌아가시고 1906년 형님(鍾淵)마저 일찍 사망하게 되자 집안을 이끌어 가게 되었다. 가문의 소종가小宗家를 책임져야 할 위치에 있었던 것이다. 그러나 위기에 처한 문중의 큰일에 적극 나서지 않을 수 없었다. 국망의 위기에 헤쳐 나갈 길을 찾지 않을 수 없었던 것이다.

　문벌과 자산을 가진 유복한 집안에서 태어난 황옥은 어린 시절 남달리 뛰어난 두뇌로 총명하였다. 그는 집안의 가세에 힘입어 송병진(황옥과 내외종, 송남헌의 父)과 함께 가학과 서당에서 한문을 배웠다. 집안 어른들의 개화의식과 신교육을 가장 먼저 받아 도천학교 재건설립운동에 앞장서게 된다.[42] 1909년 도천학교가 폐교되자 황옥은 송병진과 함께 통감부의 재판소 서기 겸 통역생으로 취직한다.

황옥黃鈺의 본명은 장수황씨 세보世譜에 의하면 황철연黃喆淵으로 등재되어 있다. 황옥이 언제 개명을 했는지는 확실치 않지만, 그가 고향 한두리를 떠났던 1909년경이었을 것이다. 그해 3월 일제 통감부의 민적법이 시행되고, 8월 평안도 선천구와 평양구재판소에 근무하게 될 무렵 개명했을 것으로 짐작이 간다. 또한 그는 호를 만동晩東으로 사용하였다.

1908년 대한제국 정부조직을 장악한 일제 통감부는, 일본인을 주요 상급직에 대거 임용한 가운데 판임관 이하 하급관리직에는 조선인들을 임용하여 배치하였다. 황옥을 비롯한 신교육을 받은 많은 신지식 청년들이 일제 통치하에 하급관리로 근무하게 된다.

황옥은 통감부로부터 1909년 8월 16일 재판소 번역관보(판임관4등 8급봉)로 서임되었다. 그해 11월 29일 평안북도 선천구재판소 평양구재판소 서기 겸 통역생으로 근무하게 된다. 총독부의 무단통치기인 그의 청년기에 평양과 진남포재판소(1909~1911), 해주지방법원송화지청(1912~1919) 검사국 서기 겸 통역생으로 근무하였다.[43]

한일합방 후 조선인 관리의 약 반수가 통감부하에서 육성 등용된 연령적으로 젊은 말단 관리들이었다. 따라서 식민지 관리라고

---

42) 심지연, 『송남헌회고록 ─ 우사 김규식과 함께』, 한울, 2000, 9~10쪽 ; 「兩氏熱心」, 『대한매일신보』, 1908년 10월 6일자.

43) 『관보』, 융희 3년(1909년) 8월 20일자 ; 『황성신문』, 융희 3년(1909년) 11월 3일자. 당시 통감부 법부에 재직하고 있던 이시영(한성재판소 수반판사, 법부 민사국장)의 영향으로 번역관보로 발령을 받았다고 한다. 심지연, 『송남헌회고록 ─ 우사 김규식과 함께』, 한울, 2000, 10~11쪽.

해도 모두가 똑같은 친일 사상을 가지고 있었다고 보기 어려울 것이다. 그리고 한말과 일제 초기 이들의 사상 기반은, 한말 지식인에게 공통적으로 작동한 사회진화론적인 세계관에 영향을 받았다고 할 수 있을 것이다. 이들의 사회적 배경은 한일합방에 의해서 형성된 것이 아니라 갑오개혁기의 친일 개화관료의 성격을 계승한, 소위 지배층 사회의 변두리적인 존재로서 사회적 배경을 갖고 있는 자들이었다. 총독부가 필요로 했던 조선인 관리란, 친일적이고 일어에 능통하고 실무적인 근대지식을 가진 사람이었다고 볼 수 있을 것이다.

황옥을 비롯한 이들의 교육 배경은 그 대부분이 근대 교육을 받은 사람들이었다. 이들은 총독부의 지방행정과 경찰행정 그리고 토지조사국 등의 말단 관리로 이용되었다. 일제의 식민지 통치 소위 조선 민중에 대한 수탈과 탄압에 첨병역할을 하였던 것이다.[44]

당시 황옥을 비롯한 많은 조선인 관리들의 현실인식은, 이와 같이 일제의 지배를 받아들일 수밖에 없었던 것이다. 식민지 체제에 순응한 조선인 관리들은, 일제 지배기구인 총독부 관리로 편입되어 국가와 민족의 운명을 외면하였던 것이다. 일제의 극심한 민족차별 정책 밑에서도 새 교육을 받은 지식인들이 정착할 수 있는 곳이, 그때의 식민지 아래에서는 있을 리가 없고 살기 위해서는 미관말직微官末職으로 복무치 않을 수 없는 실정이었다.[45]

그러나 이 시기 황옥의 행적은 일제통치기구 편입하에서 헌병경찰에 의한 무단통치에 순응하기도 하였지만, 일제의 폭압과 야만

---

44) 淺井良純, 「일제침략 초기의 조선인관리 연구 — 대한제국관리 출신자를 중심으로 — 」, 연세대석사학위논문, 1989, 60~63쪽.
45) 강동진, 『일제의 한국침략정책사』, 한길사, 1985, 190~191쪽.

수탈이라는 극심한 민족적 차별과 억압을 극복할 방향을 끊임없이 모색하며 대응해 나가기도 하였다. 황옥은 평양과 해주지방재판소 서기 겸 통역생으로, 직업적으로는 일제에 순응한듯 보인다. 그러나 일제의 무단통치로 인한 민족적 고통을 누구보다도 직접 목격하였을 것이다. 이는 친일과 애국이라는 양면성, 즉 경계선에 서 있는 그의 행적에서 나타남으로 알 수 있다. 식민지 초기 무단통치기의 황옥의 현실인식은 이러한 범주에 속한다고 보아야 할 것이다.

황옥이 경찰에 투신하게 된 동기와 배경은 홍진과의 약속이었다. 그는 홍진과 같이 독립운동에 투신할 것을 약속하고 상해로 망명하였다. 그러나 일경의 밀정이라는 의심을 받게 되자 신변의 위험을 느끼고 국내로 돌아왔다. 이때 그는 경찰에 가담하여 독립운동을 지원하겠다고 홍진과 약속하였다고 한다.

국내로 돌아온 황옥은 조선총독부 경찰조직이 확대됨에 따라 상해 임시정부에서 정탐한 내용과 검사국 경력을 인정받아, 1920년 3월 경기도경찰부 직속 도경부로 특채되었다.[46] 그는 의열단의 대규모 국내폭탄반입을 주도하여 1923년 3월 체포될 때까지 만 3년 경기도경찰부 고등경찰과 경부로 근무하였다.[47] 일제강점하 독립운동가들을 탄압하던 중추적 기관에 간부로 근무하였다는 것은, 국가와 민족을 저버리는 반민족행위임을 부인할 수 없을 것이다. 황옥의 오늘날 평가에서 상당한 영향을 미치는 원인 중의 하나도 바로 이와 같은 사실이다.[48]

---

46) 「유석현 증언록」, 독립기념관소장(미간행본); 박경식, 「1920년대의 민족분열정책」, 『일본제국주의의 조선지배』, 도서출판 행지, 1986, 202~203쪽.
47) 「경무휘보」, 조선총독부경무국, 1920년 3월 15일; 「조선경찰개요」, 조선총독부경무국, 1922; 「朝鮮總督府及官署職員綠」, 조선총독부, 1920~1922.

식민지시기 경찰을 상징하는 집단으로 '고등계'를 첫 번째로 꼽을 것이다. 탄압의 중추기능을 담당하였던 고등경찰과는 국내 사찰과 정보 수집은 물론이고, 중국관내와 만주·노령·미주 등 해외 각지의 망명 애국지사를 미행 추적하여 감시 탄압하고, 심지어는 밀정을 시켜 암살까지 한 비밀경찰이었다. 경찰간부·특고형사·사복순사·제복순사·밀정 등은 독립운동가와 애국자를 항상 미행·사찰·임검·불심심문·예비 검속하였고, 조선인의 생활 모든 부분에 파고들어 그들의 행동과 사상을 탐지하여 철저하게 속박하였다.

이렇듯 황옥은 국내는 물론 만주와 상해를 내왕하며 독립운동 조직을 파괴하고, 독립운동가를 색출 검거하였던 일제 경찰조직을 상징하는 고등경찰관이었다. 그는 독립운동가들과 접촉하며 편의를 봐주는 대가로 정보를 수집하여 밀정으로 보고하는 고등정탐 활동을 하였다. 황옥은 일제가 식민지 지배체제를 더욱 공고히 하기 위해 독립운동가를 탄압하던 기관의 간부로 근무하였다. 이리하여 그는 1920년대 초기 독립운동을 지원하며 직접 가담하였음에도 불구하고, 민족 반역자 배반자라는 오명의 굴레를 피할 수 없었다. 그러나 황옥은 경기도경찰부 경부라는 직위를 이용해 많은 민족운동가들을 지원하였다. 뿐만 아니라 독립운동에 직접 가담하고 실행하였던 것이다.

---

48) 김민철, 「식민통치와 경찰」, 『역사비평』 24, 1994, 208~220쪽; 박경식, 「1920년대의 민족분열정책」, 『일본 제국주의의 조선지배』, 도서출판 행지, 1986, 202~203쪽.

2. 3·1운동 직후 홍진과 상해 망명

만오 홍진(1877~1946)

황옥은 통감부와 총독부의 무단통치기 평양과 해주지방에서 재판소 서기 겸 통역생으로 근무하였다.[49] 이때 평양에서 변호사로 활동하던 홍진과의 만남은 매우 중요한 전기轉機가 된다. 이들이 어떻게 활동했는지 구체적으로 드러난 바는 없다. 그렇지만 검사국 서기와 변호사라는 직업의 연관성으로 볼 때, 당시 일제가 배일당排日黨의 소굴이라고 하였던 서북지방 민족운동가들의 독립운동에 적극 협조하고 지원하였을 것이다. 특히 3·1운동으로 나타난 전 민족적 저항은 홍진과 함께 상해로 망명하게 되는 계기가 되었다. 황옥은 3·1운동이 일어나기 전부터 상해에 기반이 있었던 것으로 보인다. 그가 일찍이 상해에 내왕했던 사실과,[50] 상해 교민대표로 상업 활동을 하며 임시정부와

---

49) 『관보』, 융희 3년(1909년) 8월 20일자; 『황성신문』, 융희 3년(1909년) 11월 3일자; 「朝鮮總督府及官署職員綠」, 조선총독부, 1910~1920.
50) 「전경부 황옥의 공술」, 『조선일보』, 1923년 8월 8일자.

독립운동가를 지원했던 김시문과의 관계가 이를 말해 주고 있다.[51]

3·1운동 직후 먼저 상해에 도착한 황옥은 하비로霞飛路에 거처를 정하고, 홍진·이규갑·이명교·한남수 등 국내 한성정부 수립 인사들의 상해 망명과 임시정부 활동을 주선하였다. 일경의 정탐이라는 의심과 오해를 받기도 하였지만, 홍진을 비롯한 한성정부 수립 인사들의 상해 망명 생활과 임시정부 일을 도왔다.[52] 황옥은 이들의 활동을 적극 지원하였으며 자신도 독립운동에 가담할 것을 약속하였다.[53] 이때 임시정부 의정원으로부터 황옥뿐만 아니라 이들 모두가 밀정으로 의심을 받았다. 결국 황옥과 한남수는 국내로 돌아오고 이명교는 의정원에 사퇴서를 제출하였다. 표면상 이유는 이들이 상해로 건너올 때 일제의 밀정으로 지목된 황옥의 도움을 받았다는 것이다. 그러나 이는 임시정부 의정원의 국내 한성정부 수립 주도 세력의 배척을 의미한다.[54]

황옥이 최초로 독립운동계열에 가담한 직접적인 동기는 홍진으로부터 비롯되었다. 그는 자신보다 10살이 많은 홍진을 따라 독립운동을 펼치기로 다짐하였다. 이들이 함께 상해로 망명하게 된 배경은 다음과 같이 풀이할 수 있다.

첫째, 황옥과 홍진은 같은 남쪽지방(문경과 영동) 출신으로 조선

---

51) 「義烈團家族에 동정하는 돈」, 『동아일보』, 1923년 8월 10일자.
52) 한시준, 『의회정치의 기틀을 마련한 홍진』, 탐구당, 2006, 38쪽; 이규갑, 「한성임시정부수립의 전말」, 『신동아』, 1969년 8월호, 184~185쪽; 국사편찬위원회, 「3·1독립선언 관련자 공판시말서 - 대정 8년 11월 29일 오전 10시 경성지방법원」, 『한민족독립운동사자료집』19(3·1운동IX), 1994, 92~93쪽.
53) 「유석현 증언록」, 독립기념관 소장(미간행본); 홍석주(78세, 미국 뉴욕, 홍진의 손).
54) 이현주, 『한국사회주의 세력의 형성 1919~1923』, 일조각, 2003, 72쪽.

조 명문사대부가 후손들이었다. 이로 인해 남달리 가까웠고 동지적으로 지냈다. 이들은 일제 무단통치기 평양에서 일본인들에 의해 통제와 억압 감시를 당하는 민족적 통한을 누구보다도 함께하였을 것이다.

둘째, 황옥이 평양과 해주지방법원 검사국 서기로 근무할 때 홍진은 평양에서 변호사로 활동(1909년 7월~1919년 2월)하였다. 이들의 직업적인 연관성은 서북지방 민족운동가들의 독립운동에 공감을 가지고 은밀하게 교유, 협조 또는 지원하였다고 볼 수 있다.

셋째, 홍진의 덕망과 인품 그리고 민족의식에 영향을 받았다. 그는 3·1운동 직후 홍진 등 한성정부 수립 지사들의 상해 망명 생활과 임시정부 활동을 적극 주선하고 도왔다. 특히 홍진의 민족의식은 그 후 일제 강점기 황옥의 행적에 많은 영향을 주었다고 판단된다.

3. 고려공산당 이르쿠츠크파 활동

　황옥은 일제가 식민지 지배체제를 더욱 공고히 하기 위해, 조선 민족의 행동과 사상을 철저하게 속박하던 기관의 간부로 근무하였다.[55] 그는 민족운동가들과 접촉하며 편의를 봐주는 대가로 정보를 수집하고 이들을 밀정으로 보고하였다. 경기도경찰부 경부로 사상범 취체를 담당하면서 고려공산당 이르쿠츠크파에 가담하여 활동하였다. 이 또한 경기도경찰부의 고려공산당 내정정탐이라고 해석하는 것이 지배적이었다. 그러나 필자는 의열단과 김시현 등과 밀접한 연관이 있기 때문에 황옥의 행적을 추적하여 드러내고자 한다.

　1921년 11월 워싱턴에서 강대국들의 태평양회의가 개최되었다. 이에 맞서 1922년 1월 모스크바에서는 식민지 조선을 비롯한 약소국을 대표하는 극동민족대회가 열리게 된다. 경기도경찰부는 조선총독부 경무국의 사전 대책에 따라 황옥을 밀정으로 하여 극동민족대회를 정탐하였다. 이 과정에서 황옥은 공산당에 가담 활동하면서 고려공산당 이르쿠츠크파 내지부 간부로 선임되었다. 그리고 극동민족대회에 참가할 국내 대표자를 선발하여 국경통과 여행증 및 여비를 지급하였다. 당시 경기도경찰부는 많은 밀정들을 고용하였다. 밀정들로 하여금 국내는 물론 상해를 비롯한 중국관내와 만주 일대, 극동과 러시아를 내왕하는 민족운동가들의 활동을 감시하며 내정을 정탐하였다.[56] 황옥은 이들을 밀정으로 보고하고 기밀비를

---

55) 김민철, 「식민통치와 경찰」, 『역사비평』 24, 1994, 208~220쪽; 박경식, 「1920년대의 민족 분열정책」, 『일본 제국주의의 조선지배』, 도서출판 행지, 1986, 202~203쪽.
56) 박경식, 「1920년대의 민족 분열정책」 『일본 제국주의의 조선지배』 도서출판 행지, 1986,

·받아 민족운동을 지원하였다고 판단된다.

한편 이르쿠츠크파 고려공산당은 1921년 5월 창립 직후 국내 기반을 강화하기 위해 이교담과 서초를 국내로 파견한다. 이들은 노동대회 지도자인 노병희, 경기도경찰부 경부로 재직 중이던 황옥과 협의하여 비밀리에 내지부와 세포단체를 조직하게 된다. 이때 황옥은 고려공산당 이르쿠츠크파 내지부 간부로 선임되었다. 그는 최초 사회주의 노동단체인 조선노동대회를 주도하면서 극동민족대회 국내대표단을 선발하였다.

1921년 10월 황옥은 모스크바에서 열리는 극동민족대회에 파견할 국내 대표단을 물색하였다. 이들 중에는 의열단의 제2차 국내총공격을 위한 대규모 국내폭탄반입과 관련되어 자금 모집을 담당하던 권정필, 이 사건의 주모자 김시현 그리고 김시현과 동향이며 조선공산당 초대 책임비서로 활약한 김재봉, 밀정으로 파견한 민족운동가 성욱환 등이 있다.[57] 이들은 모두 황옥이 관련된 조선노동대회 위임장을 발급받은 안동과 상주 출신 민족운동가들이었다.

각 단체 대표 13명의 위임장은 황옥의 집에서 만들어졌다. 황옥은 이들에게 모스크바로 안전하게 떠날 수 있도록 조선총독부의 여행권을 발급하고 김시현에게 여비까지 지급하였다.[58] 그는 고려공산당 이르쿠츠크파 내지부 간부로 국내 대표를 선발하는 과정에서 김시현을 비롯한 몇몇 인사들을 천거하고 극동민족대회에 파견될

202~203쪽.

57) 임경석, 『한국사회주의의 기원』, 역사비평사, 2003, 499~500쪽, 508~509쪽; 「滿洲運動의 全部에 關聯」, 『동아일보』, 1932년 12월 18일자.

58) 이종률, 「조국을 세우기 위한 투쟁의 일생 – 김시현선생과 그 영부인의 전기」, 『하구김시현선생추모학술강연회』, 안동청년유도회, 2006, 81~82쪽.

국내 대표를 선정하는 데 직접 관여하였다. 또한 국내 노동단체 대표로 인정되는 위임장과 국경 통과를 위한 총독부 여행증까지 만들어 주었다.[59)]

황옥의 집에서 만들어진 조선노동대회 위임장은 조그마한 명주조각으로 만들어졌다. 혹한을 견디려면 솜을 겹겹으로 누빈 누비옷을 입었을 것이고, 위임장은 바로 그 누비옷 속에 감추고 갈 수 있도록 명주조각으로 만들어졌다. 누비옷 속에 넣어 박음질해도 쉽게 노출되지 않으면서 손상될 염려도 없었다.[60)]

일제 경찰간부로서 황옥의 이러한 행위는 결국 고려공산당으로부터 의심을 받아 배척당하였다.[61)] 그러나 황옥은 고려공산당 이르쿠츠크파의 국내조직 확대와 경기도경찰부의 고려공산당 내정정탐이라는 밀정정책 중심에서 교묘하고 대담하게 고려공산당에 가담하여 독립운동가들의 민족운동을 적극 지원하였다.

황옥은 이르쿠츠크파 고려공산당원들과 함께 1923년 3월 의열단의 국내 총공격을 위한 폭탄반입을 주도하게 된다. 1922년 7월부터 고려공산당원이자 의열단원인 이현준은 상해와 북경, 안동과 경성을 내왕하며 장건상·김시현·김지섭·황옥의 연락책을 맡았다. 그리고 이들은 공산주의 선전과 폭탄반입을 협의하였다.[62)] 1922년 10

---

59) 김희곤, 「김시현의 항일투쟁과 그 성격」, 『하구김시현선생추모학술강연회』, 안동청년유도회, 2006, 22쪽.
60) 김희곤, 『안동사람들의 항일투쟁』, 지식산업사, 2007, 572쪽.
61) 임경석, 『한국사회주의의 기원』, 역사비평사, 2003, 562쪽; 국사편찬위원회, 「고려공산당 통합대회에 참석한 김일성과 김영철의 보고」, 1922년 11월 24일 김일성·김영철, 『한국독립운동사자료』35(러시아 편 Ⅱ), 1997, 100~108쪽.
62) 독립운동사편찬위원회, 「판결 大正12년 刑公제467호」, 『독립운동사자료집』 제11집 의열투쟁사자료집, 1983, 744~748쪽; 전상숙, 『일제시기 한국 사회주의 지식인 연구』, 지식산업사, 2004, 77쪽.

월 황옥은 홍종우에게 폭탄반입 거점 중계지로 조선일보 안동지국
을 설치하도록 하였다. 그는 이들과 같이 의열단의 국내 폭탄반입
을 실행하게 된다.

제4장 의열단과 黃鈺

1. 김시현과의 동지적 결합

하구 김시현(1883~1966)

황옥이 의열단에 가입하고 제2차 폭파계획에 가담하게 된 직접적인 동기는 김시현과의 동지적 결합에 의해 이루어졌다. 황옥은 김시현보다 4살 아래이다. 황옥은 의형제를 맺고 동지적으로 결합하면서 김시현의 의열투쟁에 적극 지원 또는 가담하게 된다.[63] 황옥은 김시현

---

63) 김봉년(82세, 서울 강남구 개포동, 김시현의 아들, 2005년 1월 사망); 황인자(93세, 경기도 용인시 상현동, 황옥의 딸).

과 같이 의열단의 거사를 1923년 5월에 실행할 것을 목표로 대규모 국내 폭탄 반입을 단행하였다.

한편 김시현은 만주와 국내를 오가며 의열단의 1차 거사에 관여하였다.[64] 그는 1919년 5월 상해로 건너가 길림에서 김원봉을 만나고, 그해 11월에 돌아와 1920년 11월까지 국내에 머물렀다. 이때 김시현은 밀양 진영 폭탄사건에 연루된 혐의로 대구경찰서에 체포되었다. 1920년 9월 황옥이 김시현을 경성으로 호송하면서 이들의 만남이 최초로 이루어지게 되었다.[65] 이후 김시현은 국내로 잠입할 때마다 황옥의 집에 머물면서 의열단의 폭파 계획 등 만주 독립운동계 사정을 알렸을 것이다. 그리고 황옥은 김시현에게 여비와 국경통과 여행증을 주었다.

이때 황옥은 김상옥에게도 경기도경찰부의 수사상황을 전달하며 그의 의열투쟁에 협조하게 된다. 김상옥은 암살단을 조직하여 1920년 8월 미의원단 일행이 입국하는 환영행사장에서, 총독 이하 고관암살과 주요 관공서를 파괴하기로 계획하고 준비하였다. 그러나 그는 거사를 앞두고 일제경찰의 철통같은 경비와 검거망을 피해, 그해 11월 상해로 건너가 의열단에 가입하였다. 여기에서 황옥은 1920년 8월 23일부터 미의원단이 떠나는 30일까지 요주의 인물 약 천명을 검속한다는 일제경찰의 예비검속 정보를 긴급히 전하여 김상옥을 피신시켰던 것이다.[66]

---

64) 「의열단 공판 법정에선 김시현」, 『동아일보』 1923년 8월 8일자; 이종률, 「조국을 세우기 위한 투쟁의 일생 - 김시현선생과 그 영부인의 전기」, 『하구김시현선생추모학술강연회』, 안동청년유도회, 2006, 78~79쪽.
65) 김영범, 『한국근대민족운동과 의열단』, 창작과비평사, 1997, 90쪽.
66) 김창수, 「의열단의 3대의거 - 김상옥의사의 종로서등 폭파」, 『신동아』, 1969년 7월호, 216~217쪽.

황옥은 김시현의 의열투쟁에 적극 지원하면서 공산당과 의열단에 가담하였다. 그는 1922년 7월 의열단의 2차 암살파괴 공작에 국내에서는 김시현·이현준·유석현 등과 협의하였으며, 이현준을 통해 상해 김원봉·장건상 등과 연락을 취하고 폭탄반입에 깊이 관여하게 된다. 이 무렵 김지섭도 상해와 만주 경성을 내왕하며 의열단과 고려공산당에 가입하였다. 김지섭은 국내 폭탄반입 계획을 추진하는 동시에 1922년 12월 윤병구·유석현과 함께 거사에 필요한 군자금 모집 활동을 주도하였다. 그는 일경에 발각되자 황옥의 도움으로 무사히 상해로 피신하였다.[67]

김시현의 동생(김정현)은 1922년 12월 모스크바 비행학교에 입학하기 위해 상해로 건너갔다. 이때 그는 황옥의 소개로 김원봉을 만나 의열단에 가입하였다.[68] 1923년 3월 14일과 15일 양일간에 걸쳐 안동과 신의주 경성에서 폭탄과 문서가 압수되고 단원들이 속속히 검거되었다. 황옥은 동생(황직연)을 김시현에게 보내 당국의 엄중한 수사가 있으니 조심하라는 말을 전하여 피신시켰다. 또한 그는 자신은 이번 사건에서 도저히 피할 수 없음을 짐작하고 동생에게 집안 가사를 부탁하였다.[69] 이와 같은 사실로 볼 때 황옥과 김시현 형제들은 모두 의열단에 가담하여 활동하였다고 판단된다.[70]

---

67) 김용달, 「추강김지섭의 생애와 독립운동」, 『안동사학』 제6집, 안동사학회, 2001, 151~154쪽; 「유석현 증언록」, 독립기념관소장(미간행본).
68) 김시현의 동생(김정현)은 1923년 6월 형이 체포되었다는 소식을 듣고 북경에서 구여순·문시환·강홍열·오세덕·배치문과 함께 자금 모집을 위하여 그해 12월 국내로 잠입하였다가 체포되었다. 이 사건은 일명 '구여순사건'이라 하며 의열단의 동경궁성폭파를 위한 국내 자금 모집을 계획한 사건이다. 『동아일보』, 1924년 2월 14일, 15일, 16일자.
69) 독립운동사편찬위원회, 「판결 大正12년 刑公467호」, 『독립운동사자료집』 제11집 의열투쟁사자료집, 1983, 771~772쪽.
70) 『고등경찰요사: 폭도사편집자료』, 경상북도경찰부, 1934, 217~219쪽, 276쪽.

김지섭의 동경의거 재판이 1924년 10월 26일 동경지방재판소에서 열렸다. 포시진치布施辰治 변호사는 재판부 기피신청이유서에서, 황옥의 폭탄입수 가담 사실은 조선총독부 밀정 정책의 일환이라고 하며 김지섭에 대해 무죄를 주장하였다. 그러나 김지섭은 "이 사건에서 황옥을 밀정이라고 말하는 것은 정말 우스운 일이며, 백윤화 사건에 대해 나를 강도라고 지목하는 것은 전후 사실을 잘 짐작해 보면 그 여부를 알 수 있는 것이다."라고 진술을 하였다.[71] 이는 의열단의 제2차 국내총공격 거사계획에 황옥을 비롯한 김시현·김지섭·유석현·이현준 등이 서로 밀접한 관계를 가지고 폭탄반입을 실행하였다고 판단할 수 있다.

앞선 의열단 연구에서는 황옥이 김시현과 동지적 결합으로 이 계획에 참여 한 것이, 과연 진심에서 우러나온 행동인지 혹은 일제의 밀정으로 잠입한 것인지를 분명히 밝히지 못하였다. 그리고 황옥에 대해 동지적 입장에서 폭탄반입에 가담한 것과 일제 경찰이 내밀히 수사하고 있는 것으로 보아,[72] 보완된 근거 자료에 의한 신중한 판단이 요구된다고 하였다.[73] 황옥이 김시현에게 재정적으로 도움을 주고 국경 통과 시 통행증을 발행하여 상해로 피신시킨 사실과, 회고록에서 민족독립운동자로 칭송한 점 등을 볼 때 김시현과 황옥이 동지라고 보는 관점이 있다. 또한 황옥이 폭탄 운반에 적극 협조하고 경성에 도착한 후 경찰부장에게 보고하지 않았다든

---

71) 「김지섭의 예심결정문」, 『동아일보』, 1924년 10월 18일자.
72) 국회도서관, 「의열단의 음모계획」·「황경부일행의 행동」, 『한국민족운동사료』 중국편, 1975, 426~427쪽, 437쪽.
73) 김창수, 「의열단의 투쟁에 대한 약간의 보유」, 『한국민족운동사연구』, 교문사, 1998, 193~193쪽.

가, '조선총독부관공리에게'라는 문서를 직접 전달 시행하고 사건
이 발각된 뒤 중요 범인을 도주시키려 한 것은 일제가 황옥을 독립
운동가로 변심했다고 판단하는 근거이다.[74]

위 사실로 볼 때 황옥은 상해와 만주에서 활동하는 많은 민족운
동가들을 지원하였을 뿐만 아니라, 김시현과 동지적 결합을 맺고
1923년 5월 거사를 목표로 대규모 국내 폭탄반입을 주도하였다고
판단된다.

한편 김시현과의 관계는 해방 후 활동에서도 나타난다. 이들은 1945
년 10월 사계의 권위자들로 구성된 조선독립운동사편찬발기인회에
참여하였다.[75] 그리고 1949년 10월 민주국민당 고문과 중앙상무위
원에 각각 선출되어, 1950년 5월 제2대국회의원선거에 출마하였
다.[76] 이승만 독재에 항거하며 민족자주통일 혁명운동을 펼친 김시
현은 1961년 그의 회고록에서 납북된 황옥을 민족적 존경받는 독
립투사로 추앙하였다.[77]

---

74) 양형석, 「김시현(1883~1966)의 항일투쟁」, 『안동사학』 3집, 1998, 145쪽에서 황옥의
    이러한 행동과 사상적인 측면에 대해 차후 연구과제로 남겨 두었다.
75) 「조선독립운동사편찬 발기인회 개회되어 위원선임」, 『매일신보』, 1945년 10월 19일자.
76) 「민주국민당, 최고위원 상임위원 고문 선출」, 『동아일보』 1949년 10월 22일자.
77) 이종률, 「조국을 세우기 위한 투쟁의 일생 – 김시현선생과 그 영부인의 전기」, 『하구김시현선
    생추모학술강연회』, 안동청년유도회, 2006, 81~82쪽, 98쪽.

2. 의열단 가입과 제2차 국내총공격을 위한 폭탄반입 주도

황옥이 의열단에 가입한 계기는 김시현과의 만남에서 비롯되었
다. 김시현은 상해와 만주, 모스크바를 내왕하거나 국내에 머물 때
는 황옥의 도움을 받았다.[78] 이 과정에서 이들은 의열단과 경기도
경찰부의 주요 정보를 서로 주고받았을 것이다. 특히 김시현은 김
원봉과 사전 합의를 하고[79] 의열단의 제2차 폭파계획에 의한 국내
폭탄반입 방법을 황옥과 협의하였다. 그리고 김시현은 1922년 12
월 30일 천진으로 떠난 후 김상옥사건의 폭탄 출처를 알 수 있다
는 내용의 전보를 보냈다. 황옥은 이 사실을 경찰부장에게 보고하고
김상옥사건 수사 명목의 출장 허가를 받아, 1923년 2월 8일 유석현
과 함께 천진으로 출발하였다. 황옥은 1923년 2월 11일 천진에서
김시현과 함께 김원봉을 만나 의열단에 가입하였다.[80] 이는 황옥과
김시현의 사전 밀약에 의한 것임을 알 수 있는 중요한 대목이다.

이들은 천진과 북경 상해를 오가며 여러 차례 회합을 가졌다.
황옥은 3월 3일 천진에서 김원봉으로부터 폭탄을 넘겨받아 국내로
폭탄반입을 주도하게 된다.[81]

황옥과 김시현에 대해 10년 형을 언도한 경성지방법원 판결문
에 의하면 "황옥은 천진 중국여관에서 유석현의 소개로 김원봉을 만

---

78) 검찰행정사무에 관한 기록(1), 「의열단원 검거의 건」, 종로경찰서장 1924년 1월 7일; 황인
자(93세, 경기도 용인시 상현동, 황옥의 딸).
79) 박태원, 『약산과 의열단』, 깊은샘, 2000, 121～122쪽.
80) 「유석현 증언록」 독립기념관소장(미간행본).
81) 박태원, 『약산과 의열단』, 깊은샘, 2000, 125～126쪽; 독립운동사편찬위원회, 「판결 大正
12년 刑公제467호」, 『독립운동사자료집』 제11집 의열투쟁사자료집, 1983, 743쪽.

나 조선독립을 위해 분골쇄신할 것을 서약했다.”고 기록되어 있다.[82] 이는 김시현의 다음과 같은 회고에서도 확인할 수 있다.

(전략)일제 관헌 중심 간부의 하나인 현직 경부가 그 의열단 중심 간부들과 함께 일석의 잔치를 가지게 되었다는 것은 하나의 이채가 아닐 수 없었으며, 또 죽음을 각오하고 독립혁명투쟁에 모든 것을 바친다는 의사 표현 등은 감격이 아닐 수 없었다. 더욱이 현직 경부로서 이렇게 항일 민족투쟁에 가담하게 되었다는 것은 효과성이 높다는 말에 황옥 선생은 그윽이 자부하는 태도였다.[83]

의열단장 약산 김원봉(1898~1958)

또한 김원봉은 조선혁명간부학교 교육과정 중 의열단 투쟁사를 설명하면서 “황옥은 경기도 고등과 경부이나 과거 의열단원이 되어서 활동 중에 있다가 불행이 관헌에 체포된 자로 애련한 자”라고 생도들에게 말하였다.[84] 황옥이 경찰에 투신할 때부터 독립운동을 결심하

---

82) 독립운동사편찬위원회, 「예심종결결정」, 『독립운동사자료집』 제11집 의열투쟁사자료집, 1983, 735쪽; 「유석현 증언록」, 독립기념관소장(미간행본).
83) 이종률, 「조국을 세우기 위한 투쟁의 일생 – 김시현선생과 그 영부인의 전기」, 『하구김시현선생추모학술강연회』, 안동청년유도회, 2006, 96~98쪽.
84) 국사편찬위원회, 「홍가근심문조서 9회 1934년 12월 2일」, 『한민족독립운동사자료집』 31(의열투쟁4), 1997, 84쪽.

였고,[85) 일찍이 한남수와 의열단의 대규모 폭탄반입을 협의하였다
는 것은[86) 이를 뒷받침해 주고 있다.

황옥은 김시현에 의해 1922년 7월부터 의열단 고문 장건상 등과
의열단의 제2차 암살파괴 계획에 대해 협의를 하고, 1923년 2월
11일 천진에서 김원봉을 만나 의열단에 정식 가입하였다. 그는 이
기회를 이용하여 5월 거사를 목표로, 의열단의 국내 적 기관 총공
격 및 대규모 암살파괴를 위한 국내 폭탄반입을 주도하였다.[87)

---

85) 「유석현 증언록」 독립기념관소장(미간행본).
86) 정화암, 『어느 아나키스트의 몸으로 쓴 근세사』 자유문고, 1882, 43쪽.
87) 김우영, 『회고』 신생공론사, 1951, 79~81쪽; 「유석현 증언록」 독립기념관소장(미간행본).

1923년 4월 12일자 동아일보 호외

3. 의열단의 폭탄반입 경로와 황옥의 주요 행적88)

(1923년 2월 초~3월 13일)

월일	이동 경로	폭탄 반입과 황옥의 주요 행적
2월 초	상해→안동	① 쇼우의 이륭양행(선박편)
	상해→천진	② 김원봉, 김시현·마자알·현계옥·조노태태등(열차편)
2월 8 ~11일	경성→안동 →천진	황옥, 유석현·교본청을 대동하고 천진 출장 천진 일본조계(태양관) 프랑스조계(중국여관)에 유숙
	북경↔천진 ↔상해	황옥, 의열단 가입. 천진에서 북경과 상해를 내왕하며 김원봉과 여러 차례 회동. 김시현, 황옥·김원봉·유석현과 함께 국내폭탄반입 협의
2월 9 ~24일	천진→안동 →천진	김시현, 안동에서 국경상황을 정찰하고 홍종우와 폭탄수송협의 홍종우의 소개로 폭탄운반자로 백영무를 동반하여 천진 도착
2월 15 ~25일	천진→상해 →천진	황옥, 유석현을 상해로 보내 김덕과 같이 나머지 폭탄 및 물품, 문서 등 휴대 천진 도착
	천진	① 황옥·김시현, 유석현, 이현준과 함께 김원봉으로부터 폭탄 인수
	안동	② 황옥, 최용득의 안내로 이륭양행에서 쇼우로부터 폭탄 인수
3월 3 ~6일	천진→안동	① 대형폭탄 3개, 백영무·이현준이 안동현(홍종우집)으로 수송 보관 ② 황옥, 김원봉으로부터 폭탄과 문서 권총 3정, 탄환 백수십 발 인수 트렁크 3개에 넣어 김시현·유석현과 함께 각각 1개씩 휴대 안동현 (홍종우집)으로 수송 보관. 황옥·김시현, 빈 가방 3개를 휴대 홍종우 집과 조영자집에 보관
3월 7 ~8일	안동→신의주	① 홍종우·백영무·이오길 등 대형폭탄 6개, 문서 인력거로 운반 백영무집(조선일보평 북지국) 보관 ② 황옥·김시현, 소형폭탄 20개, 뇌관·시계 각 6개, 권총 5정, 실탄 155발, 조선혁명 선언 1책 조선총독부소속관공리에 700매 인력거로 운반, 신의주 백영무집(소형폭탄 10개)과 한성여관(소형폭탄 10개 및 기타물품, 문서) 분산 보관

월일	이동 경로	폭탄 반입과 황옥의 주요 행적
3월 9일	안동	소형폭탄 10개, 문서 홍종우집→이오길집(안동현 육도구 남삼조통 1정목)→조영자(이오길의 처)를 시켜 근처 빈집 보관
3월 10 ~12일	신의주→경성	① 황옥, 유석현과 함께 소형폭탄 10개, 뇌관・시계 각 6개, 권총 5정, 탄환 155발, 조선혁명선언 1책, 조선총독부관공리에 248매 휴대 경성 도착(3월 11일) ② 김시현, 백영무집에 보관되어 있는 대형폭탄 6개 중 3개, 소형폭탄 10개 중 5개를 버들고리짝에 넣어 신의주역에서 경성 조황집으로 철도 수하물 운송 나머지 대형폭탄 3개, 소형폭탄 5개는 조동근집(신의주 약죽정 9)보관. 조동근은 3월 14일 김초선(조동근의 처)을 시켜 김처원(김초선의 형부) 집에 보관
3월 12일	경성	김시현・김태규・이현준・이오길 신의주에서 경성으로 출발 황옥, 소형폭탄 5개 김사용집(경성 북미창정 138) 보관 황옥, 소형폭탄 5개, 권총 3정, 탄환 백수십 발을 집(계동 15-17번지)에서 조황에 전달 조황은 자기 집(효자동 21번지)에 보관
3월 13일	경성	김시현, 경성 도착. 대형폭탄 3개, 소형폭탄 5개 (철도수하물) 조황집 도착

---

88) 국회도서관, 「의열단의 음모계획」・「황경부일행의 행동」, 『한국민족운동사료』 중국편, 1976, 425~428쪽, 437쪽; 독립운동사편찬위원회, 「예심종결결정」, 『독립운동사자료집』 제11집 의열투쟁사자료집, 1983, 734~741쪽; 독립운동사편찬위원회, 「판결 大正12년 刑公제 467호」, 『독립운동사자료집』 제11집 의열투쟁사자료집, 1983, 743~748쪽, 753~755 쪽; 독립운동사편찬위원회, 「김시현등의 무기 대량반입」, 『독립운동사』 제7권 의열투쟁사, 1976, 365~371쪽; 독립운동사편찬위원회, 「안동현 조선인 상황(1923년 6월) 선인 상황」 안동경무서 영사관경찰서, 『독립운동사자료집』 제9집 임시정부사, 1975, 934~937쪽; 박 태원, 『약산과 의열단』, 깊은샘, 2000, 120~128쪽; 이종범, 『의열단부장 이종암전』, 광 복회, 1970, 172~177쪽; 이종률, 「조국을 세우기 위한 투쟁의 일생 – 김시현선생과 그 영부인의 전기」, 『하구김시현선생추모학술강연회』, 안동청년유도회, 2006, 96~108쪽; 「유석현 증언록」, 독립기념관소장(미간행본).

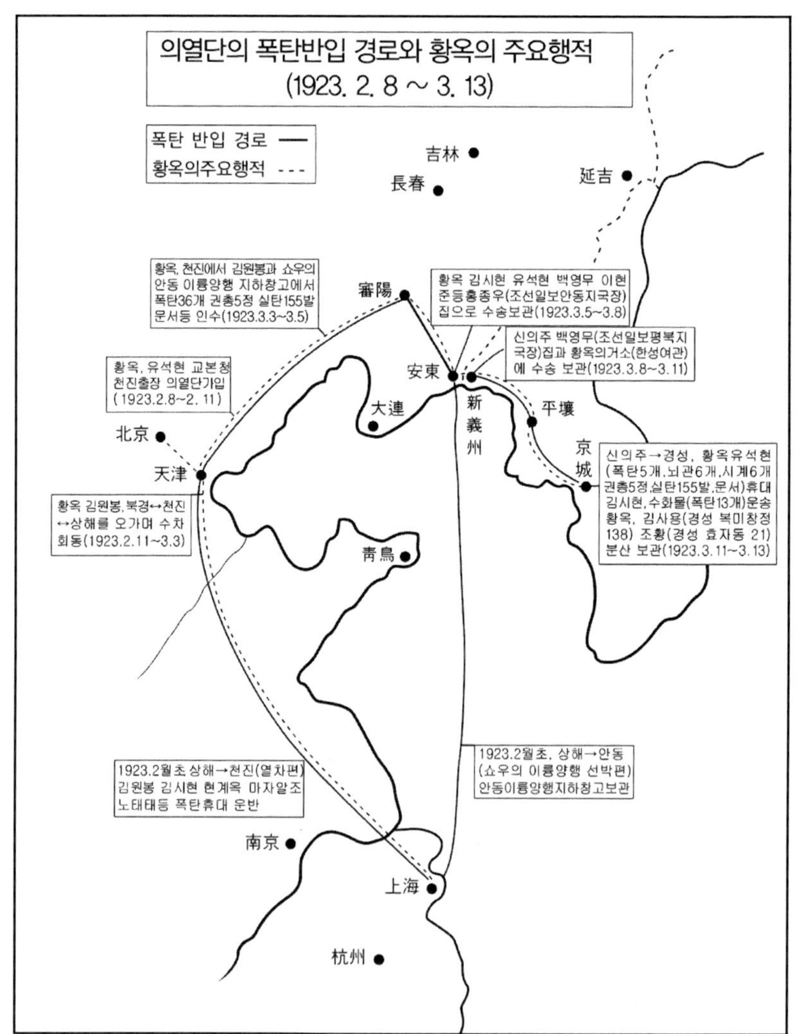

의열단의 폭탄반입 경로와 황옥의 주요 행적(1923년 2월 초~3월 13일)

4. 법정에 선 황옥, 그를 둘러싼 의혹들

황옥은 일제가 조선인 경찰로 하여금 독립운동자를 색출 검거하기 위한, 고급밀정 역할과 정탐 첩보활동을 한 경찰간부요원이었다. 이는 그가 많은 독립운동가들을 지원하며 독립운동에 가담하였음에도 불구하고, 일제강점기 민족 반역의 혐의에서 자유롭지 못한 이유도 여기에 있는 것이다.

의열단의 제2차 대규모 암살파괴 계획은, 이른바 대규모 국내 폭탄반입사건으로 일명 황옥경부폭탄사건이었다. 당시 신문에서는 의열단 의거의 전말을 총독부 경무국 발표 자료에 의해 연일 대서특필하였다. 황옥에 대해 가장 '의심할 점', '의문의 인물'로 보도하였다. 이면에는 친일파를 자처하고 내면으로는 은밀하게 독립운동을 하였다고 하나, 황옥의 행동은 가장 의심할 점이라고 하였다. 또한 전 경찰부장 백상우길白上佑吉의 발언은 의열단을 일망타진하기 위한 행위로 황옥의 의열단 가담을 일정 부분 인정하기에 이르렀다.

이 사건은 평북경찰부 신의주경찰서와 경기도경찰부에 의해, 총 28명의 연루자 중 18명이 구금되고 폭탄 36개와 권총 5정, 불온문서 다수 등이 압수되었다. 1923년 3월 14일과 15일 양일간에 걸쳐 신의주와 경성에서 가담자 일부가 체포됨과 동시에, 3월 17일과 19일에 유석현·황옥, 30일 김시현이 체포되었다.[89]

---

89) 독립운동사편찬위원회, 「안동현 조선인 상황(1923년 6월) 선인 상황」 안동경무서 영사관경찰서, 『독립운동사자료집』 제9집 임시정부사, 1975, 937쪽 ; 「密告者는 何人 김시현이 잡힌 사정」, 『동아일보』, 1923년 4월 13일자.

재판정에서의 황옥(왼쪽 일어선 사람)과 의열단동지들

1923년 8월 7일과 8일 양일간에 걸쳐 경성지방법원에서 공판이 있기까지, 조선총독부 경무국의 밀정 정치에 의해 일어난 사건으로, 황옥에 대해 온갖 추측성 기사와 설이 난무하였다. 그는 법정진술에서 "김시현으로부터 폭탄을 넘겨받아 경찰부에 압수시키려고 한 것과 경찰부에 미리 보고하지 않은 것은, 상해로부터 실행자가 오면 모두 검거하기 위함이었다."고 함으로써 민족반역자 배반자로 자신의 정체성을 드러내고 말았다. 그러나 황옥은 경찰과 검사국의 조사와 예심에서, 김원봉과 약속한 의열단의 비밀을 지키기 위해 한결같이 모르쇠로 일관하였다. 그는 법정에서 세인의 여론과 비난을 무릅쓰고 독립당을 잡기 위해 경찰로서 임무를 다하였다는 진술을 하였다.[90]

재판과정에서 변호사 포시진치布施辰治는 "범인을 체포하기 위해 일부러 경관을 공산당에 가입게 하여 희생적 정신을 가지고 사람들을 속이며 잡으려는 것은, 정치도덕상 가만히 볼 수 없는 터이라고 대갈하면서, 사건의 진실을 밝히기 위해 전 현직 경찰부장 백상우길白上佑吉과 마야정일馬野精一을 증인으로 심문해 줄 것"을 법정에 요구하였다. 특히 포시진치 변호사는 의열단의 제2차 폭파계획과 관련 있는 김지섭의 동경의거 공판 변론에서, 한결같이 조선총독부의 스파이정책이라고 비난하였다. 그는 재판부 기피신청이유에서, 전 경찰부장 백상우길과 황옥의 고려공산당 내정정탐과 의열단 폭탄반입사건(의열단 일망타진 공작) 연장선상으로 규정하였다.91)

황옥은 법정 최후 진술에서 "경찰 관리로서 임무를 완수하기 위해 노력하였고, 대대적인 성공을 거두면 장차 경시까지 시켜 줄 것이라 굳게 믿었다고 말하면서, 눈물을 머금고 죄 없다고 변명하였다." 이로 인해 동지들로부터 배신자라는 비난을 받았다.

당시 조선일보는 의열단과 黃鈺에 대해 다음과 같이 논평하였다.

> (전략)황옥의 발언은 소위 경관의 신분으로 김시현 이하 죄인의 범죄사실을 유도 촉성하였으며, 범인의 심리에 영합하여 의열단과 경기도경찰부의 중간에서 간계와 농락으로, 양쪽을 모두 사기한 매우 음험하고 교활한 행동이라고 하였다. 또한 황옥은 죄안을 작성하고 그들을 체포함으로써 공을 차지하려 하였고, 전 경찰부장의 지시로 공산당원을 가장하여 기밀비를 챙기고 김시현에게 민족대회에 출석하는 여비로 제공하였다 함은 명백한 사실이었다.92)

---

90) 박태원, 『약산과 의열단』, 깊은샘, 2000, 131쪽; 독립운동사편찬위원회, 「판결 大正12년 刑公제467호」, 『독립운동사자료집』 제11집 의열투쟁사자료집, 1983, 765~767쪽.
91) 「金祉燮事件公判 忌避申請理由 4」, 『동아일보』, 1925년 7월 5일자.
92) 「譎計로 捕縛함은 政治道德에 違反」, 『동아일보』, 1923년 8월 9일자; 「의열단사건과 황

1923년 8월 8일자 동아일보 의열단사건 공판 보도내용

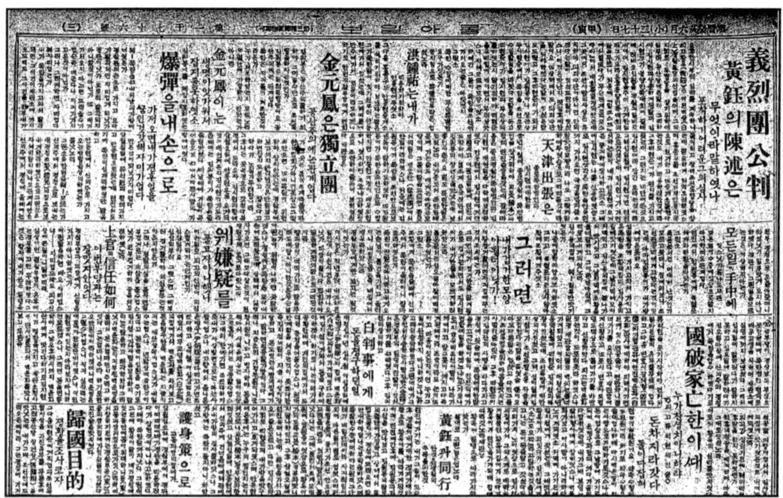

1923년 8월 9일자 동아일보 황옥의 법정진술

옥경부」, 『조선일보』 社說, 1923년 8월 12일자.

이렇게 그의 정체가 드러나자 북경 의열단 본부에서는, 기밀회의를 열고 황옥이 무사 방면되더라도 엄중 처벌할 것을 결의하였다. 그 후 수감 상태와 출옥 후 뚜렷이 드러나지 않은 그의 행적에 의문을 가지고, 이 사건을 경기도경찰부의 고려공산당 내정정탐과 의열단 일망타진 공작의 한 단면이라고 단정하기에 이르렀던 것이다.[93]

황옥의 이와 같은 진술은 그의 정체성과 관련하여 매우 중요한 문제이다. 황옥사건으로 말미암아 경무국장·경찰부장·고등경찰과장이 사표를 내는 등, 혼란과 충격에 빠진 일제경찰 수뇌부가 심각하게 움직이게 되자, 경기도경찰부는 황옥에 대해 집요한 협박과 회유로 경찰조직 보호의 방패막이로 이용하였다.[94] 또한 그의 진술은 김원봉과 약속한 의열단의 조직과 폭탄 및 문서의 제조와 운반 경로 등 의열단의 비밀을 보호하였다는 것이다. 이는 황옥의 이중성과 양면성 기회주의적인 처신이 극명하게 드러나는 부분이라 할 것이다.

황옥이 3·1운동 이후 민족운동가들과 같이 고려공산당과 의열단에 가입 활동하였음에도 불구하고, 일제 주구역할이었다는 근거는 다음 세 가지로 볼 수 있다. 첫째, 법정진술에 나타나는 친일적인 발언과 둘째, 당시 조선인 경찰 행위에 대해 법적으로 책임져야 할 위치에 있었던 일제 고위 경찰간부의 면피성 발언으로 인한 언론 보도, 셋째, 일제의 조선통치 정책을 비난하면서 조선독립운동을 맹렬히 지원하였던 인권변호사 포시진치의 재판부 변론이었다. 이는 황옥의 배신행위로 의열단의 제2차 폭파계획이 거사 직전에

---

93) 김영범, 『한국근대민족운동과 의열단』 창작과비평사, 1997, 94~97쪽.
94) 「유석현 증언록」 독립기념관소장(미간행본).

발각되어 실패하게 되었다고 보는 중요한 단서가 되었다.

그러나 황옥은 정부 수립 후 반민특위의 친일 악질경찰 김태석 공판에 증인으로 출석하여 의열단의거를 증언하였다. 그리고 이 사건의 밀고자 일제 밀정 권상호가 반민특위에 체포되어 재판을 받았다.[95]

황옥은 김시현과 같이 징역 10년을 선고받았다. 그러나 3차례에 걸쳐 은사와 감형 조치로 징역 4년 2개월 18일로 감형되었다.[96] 그는 1923년 3월 19일 경기도경찰부 고등경찰과 사무실에서 근무 도중 서대문경찰서로 구금되어 취조로 받았다.[97] 1923년 8월 8일 경성지방법원에서 '제령위반폭발물취체규칙급총포화약취체령위반죄'로 징역 10년 형을 선고받고 서대문형무소에서 복역하였다. 1925년 12월 16일 심한 위장병 증세로 형집행정지 석방 자택에서 요양 치료하던 중 1928년 5월 30일에 재수감되었다.[98] 1928년 11월 10일 김시현·김익상·양근환 등과 함께 감형을 받아, 1929년 2월 14일 잔여 형기 8개월 15일을 남겨 두고 가출옥하였다.[99]

---

95) 「반민피고 김태석의 4회공판에서 사형이 구형됨…」, 『연합신문』, 1949년 5월 21일자; 「일제밀정 권상호, 국회에서 반민족행위특별조사위원회에 체포」, 『조선중앙일보』, 1949년 7월 3일자; 「秘話 한世代 – 반민특위 독립투사의 증언」, 『경향신문』, 1977년 8월 18일자.

96) 대정 13년(1924년) 1월 26일 칙령 제10호에 의거 공히 형을 징역 7년 6개월 0일로 변경, 소화 2년(1927년) 2월 7일 칙령 제12호에 의거 공히 징역 5년 7개월 15일로 변경, 소화 3년(1928년) 11월 10일 칙령 제270호에 의거 공히 징역 4년 2개월 18일로 변경. 「김시현외 형사판결문」, 국가기록원소장, 1923.

97) 「警察部內 靑天霹靂」, 『동아일보』 1923년 4월 13일자.

98) 「새해에 病友들은 엇더하신가, 病友 金明植 黃鈺 玄相允君을 찾고」, 『개벽』 제66호, 1926; 「黃鈺氏夫人金順子女史, 風雨三年間의 쓰린生活裏面」, 『신여성』 제4권 제2호, 1926; 「執行停止中 黃鈺, 三十日 突然收監」, 『동아일보』, 1928년 6월 2일자.

99) 황옥은 잔여 형기 2년 10개월에서 감형되어 1년 5개월을 남겨 두고 있었으나, 1929년 2월 14일 잔여 형기 8개월 15일을 남겨 두고 가출옥하였다. 「김시현외 형사판결문」, 국가기록원 소장, 1923; 「世上을 驚動케하던 重罪人의 減刑消息 – 金益相, 黃鈺, 梁槿煥은 減刑에」, 『조선일보』, 1928년 11월 12일자; 「義烈團事件 黃鈺 昨日 出獄, 假出獄되어」, 『조선일보』, 1929년 2월 16일자.

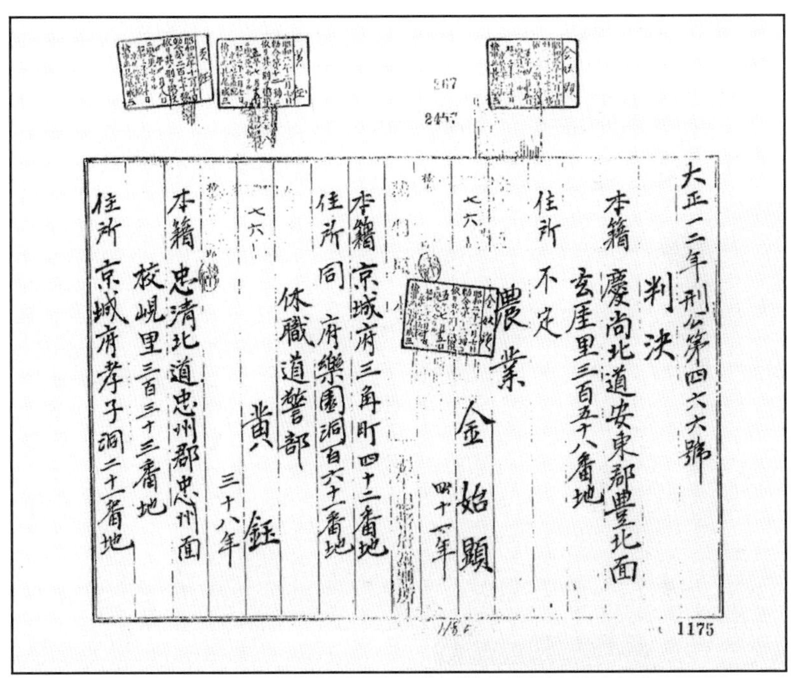

김시현·황옥외 형사판결문(경성지방법원 1923년 8월 21일)

당시 여론은 중형을 선고받은 황옥에 대해, 고통받고 있는 그의 가족에게 상해 교민들과 경성의 지인들이 의연금을 모아 지원하였다.[100] 또한 제2의 황옥 출현 등 총독부 조선인 관리들의 독립운동 관련 사건에서 드러나듯이 그의 행동을 사실상 인정하는 분위기였다. 일제경찰 동향자료에 의하면 경찰 관리로서의 황옥의 죄에 대해 엄벌함이 마땅하나, 조선인으로서 독립을 마다하지 않는 사람은 없을 것이라고 동정하며 그의 형량에 대해 너무 가중하다고 하였다.[101]

---

100) 「義烈團家族에 동정하는 돈」, 『동아일보』, 1923년 8월 10일자;「黃氏 一族에게, 고마운 李遇璟씨」, 『조선일보』, 1925년 12월 19일자.
101) 「의열단폭거와 部民의 感想의 一端」, 『民情彙報』 제15보, 일제경찰심문조서 江高 제7441호, 대정 12년 6월 7일 강원도.

　아무튼 이 사건과 관련하여 김시현을 비롯한 다른 동지들은 만기 출옥하였으나,[102] 황옥은 형기를 남겨 두고 가출옥하였다. 이 사실은 그의 행적에 대해 더욱 의혹을 갖게 하였던 것이다.

102) 「김시현외 형사판결문」, 국가기록원소장, 1923. 이때 김시현을 비롯한 다른 동지들도 2차례의 은사와 감형으로 모두 출옥하였다. 「이씨(이현준) 출옥」, 『조선일보』, 1927년 3월 11일자; 「의열단사건 홍종우 가출옥」, 『중외일보』, 1927년 5월 21일자; 「폭탄사건의 윤병구씨 출옥」, 『중외일보』, 1927년 11월 24일자; 「의열단사건의 유석현, 남영득 양인출감」, 『중외일보』, 1928년 5월 17일자; 「의열단사건의 김시현씨 출옥 …은사 감형되어 다섯해만에…」, 『조선일보』, 1929년 1월 31일자.

제5장 黃鈺에 대한 재평가

1. 출옥과 해방전후 사회 · 정치활동

황옥은 1929년 2월 14일 서대문형무소에서 가출옥한 후, 1945년 8월 15일 해방될 때까지 행적이 뚜렷하게 드러나지 않고 있다. 김시현은 길림 · 천진 · 북경 등에서 항일투쟁을 계속하였지만 황옥은 드러난 행적이 없다. 그가 일제의 주구였다면 대동아공영권을 앞세운 일제의 군국화, 황민화 정책에 전직 경찰간부로서, 능숙한 정탐활동으로 계속 고급밀정 역할을 하였을 것이다. 다만 그는 경성에 머물면서 의열단 동지들을 만나며 대구에서 박시목 · 윤홍열 등 영남의 애국지사들과 교유하였다고 밝혀질 뿐이다. 황옥은 특별한 활동 없이 주변의 도움으로 생활하였다고 한다.[103]

특히 우승규[104]는 백산 안희제를 회상하는 글에서, 백산이 1930

---

103) 「가출옥자에 관한 건」, 京鍾警高秘 제1914호 경성종로경찰서장 사상 문제에 관한 조사서류, 1929년 2월 15일; 박진목, 『내 조국 내 산하, 원제: 지금은 먼 옛 이야기』, 계몽사, 1994, 17쪽, 황인자(93세, 경기도 용인시 상현동, 황옥의 딸).

104) 우승규(1903～1985, 전동아일보편집국장, 필명: 나절로, 독립운동가)는 서울에서 출생 1919년 상해 임시정부 청년당원으로 참여하였다. 1923년 상해 혜령전수학교를 졸업하고 귀국하여 언론계에 투신하였다.

년 전후 중외일보를 경영할 당시 황옥과 교유하는 모습을 매우 사실적이고 구체적으로 기술하였다. 우승규는 상해에서 돌아와 신문사 취직을 위해 동분서주하였다. 이때 그는 황옥의 소개로 백산을 만나 이들과 함께 자주 어울렸던 것이다. 이 글에 등장하는 이교담[105]은 1921년 5월 고려공산당 이르쿠츠크파 내지부 간부로 황옥을 선임하고 세포단체 조직과 활동을 지원하였다. 이우경은 황옥이 의열단사건으로 옥고를 치를 때 가족들을 뒷바라지하였다.

황옥과 백산 안희제·호암 문일평과의 관계는, 백산이 중외일보 경영 어려움을 토로하면서 서로 도움을 주었던 관계가 아닌가 생각된다. 호암은 중외일보 기자였다. 이때 백산에게는 우승규와 이우경 그리고 중외일보 경영에 참여했던 김사용으로 볼 때 황옥의 역할이 컸을 것이다.

상해에서 돌아온 우승규는 황옥과 가까이하면서 의열단 동지들과 백산을 비롯한 애국지사들을 옆에서 지켜볼 수 있었다. 이 글은 황옥의 출옥 후 행적에 대해 이해할 수 있는 중요한 자료로 판단된다. 그는 당시 이들에 대한 인상을 다음과 같이 남겼다.

내가 백산 안희제 선생을 처음 알기는 지금으로부터 45년 전, 한때 상해에서 돌아와 신문사 취직자리를 구하고 있을 때였다. 그 당시 서울 校洞에는 八珍屋이란 과자집이 있었다. 그 집이 겉으로는 보기에는 여느 구멍가게와 같았으나, 사실은 그렇지 않았다. 그 상점의 뒤쪽에는 은밀한 방이 하나 있었고, 거기에는 애국지사들이 매일같이 모여 앉아 머리를 맞대

---

105) 이교담(1880~1936): 1903년 하와이로 건너가 신민회를 조직, 1905년 샌프란시스코에서 공립협회 대의원 및 공립신보 주필, 1908년 귀국 대한매일신보 입사 언론활동 전개, 이때 이재명 등과 함께 매국노 이완용저격사건에 연루 불기소 처분 석방. 그 후 상해, 북경, 만주에서 활동. 3·1운동 이후 귀국, 당시 경성부 계동 황옥과 한동네 살았다. 이정원(62세, 인천 서구 당하동, 이교담의 손).

고 무엇인가 수군수군했다.

　그 자리에 저 유명했던 독립운동의 테러 단체인 義烈團의 거물들이 모습을 나타냈다. 그들은 거의 獄苦를 치렀거나 투옥 중에 병보석으로 잠시 풀려나와 있는 열렬한 독립투사들이었다. 그 가운데는 당시 경기도경찰부의 경부란 현직으로 중국 北京에 건너가 의열단의 거물들을 잡는 체하고 도리어 그들과 접선, 폭탄을 트렁크에 가득 넣어 감쪽같이 국경 安東縣으로 넘겨 들여온 黃鈺씨를 비롯한 수많은 우국지사들이 드나들었다. 아직 생존해 있는 錦山 劉錫絃씨도 그 가운데 한 사람이다.

　그뿐인가. 백산 안희제 선생도 황옥씨를 자주 찾아왔다. 나도 말석에 참석해서 황옥씨의 소개로 백산 선생을 알게 됐다. 선생은 그때 부산에서 상경하여 通義洞에 있던 孝子여관에 묵으면서 때마침 휴간 중인 中外日報를 인계(인수: 필자 주)하려고 바쁘게 지내던 시기였다.

　(중략)

　백산 선생은 그때 交遊하던 동지인 황옥씨와 유석현씨 외에 湖岩 文一平씨, 그리고 鐵東 李佼淡씨 등과 술자리를 함께하면서 시국을 통론하기가 일쑤였다. 나도 그 자리에 몇 번 참여했고, 또 때로는 서대문 밖 渼芹洞에 있던 나의 집으로 청해 密會하고, 술잔을 기울이며 앞으로의 독립운동의 방향을 토론하기도 했다. 그 자리에서 백산 선생은 자신이 한일 합방 뒤 남북 만주로 망명하여 독립운동을 할 때의 체험담을 털어놓았다. 그때 선생은 자신이 뼈아프게 느낀 것으로 三南과 西北 사람 사이에 얽히고 맺힌 地方色 때문에 조국 광복의 운동은 암담하다고 앞날을 내다보며 통탄했다.

　나의 집에 함께 모인 인사 가운데 백산 선생과 황옥씨는 경상도, 문일평 씨와 이교담 씨는 평안도 출신이라 서로들 북도 사람의 派黨心이 더 하다거니 남도 사람이 偏色이 심하다거니 하고 격론을 벌이던 그 광경은 지금도 눈에 선하다.

　백산 선생이 중외일보를 맡아 경영하는 동안 그 운영 자금의 마련을 위해 동분서주하며 고심참담하던 모습은 딱해 볼 수 없을 정도였다. 때로는 땅문서(동지들이 내놓은 것)를 황옥씨에게 내주며 높은 이자라도 좋으니 빚을 얻어 달라고 부탁하기도 했다. 이렇게 하기를 여러 번 빚에 졸리다 못해 백산은 늘 황옥을 찾아와 팔진옥에서 동지들을 불러 모아 술로 달래곤 하였다.

　팔진옥 주인은 李愚卿이란 분으로 독립투사들에게 깊은 동정과 존경심을 가진 사람이었다. 이우경씨는 그들에게 자녀 교육비도 제공하고 쌀과 나무도 사서 생활비를 보태 주었다. 그는 숨은 애국자였다. 팔진옥은 이렇듯 일인들이 얕잡아 부르는 이른바 '부데이 센징(不逞鮮人)' ― 사실은 우리 독립 운동의 애국지사 ― 들이 모이는 비밀 장소이기 때문에 언제나 종로경찰서의 고등계 형사가 그 상점 주위를 떠나지 않았다. 더구나 황옥씨의 경우에서 보면, 그는 앞서 말한 의열단 사건으로 10년 징역형을 선고받고 복역 중에 가출옥하여 있었기 때문에 일경의 감시의 눈은 항상 그를 둘러싸고 맴돌았다.

(중략)

백산 선생은 한가한 틈만 있으면 위에서 말한 황옥씨를 비롯한 여러 출옥 동지들과 짝을 지어 술과 안주를 마련하여 嘉會洞의 막바지에 있던 翠雲亭의 숲으로 가서 한때 淸遊를 즐겼다. 그 자리에는 나도 한몫 끼었다. 그곳은 인적이 드문 데여서 웬만한 시국 불평의 떠드는 소리도 들을 사람이 없었다. 한 잔 두 잔 술기가 오르면 선생은 눈물을 흘리며 자기는 멀지 않아 만주로 다시 떠나가겠다고 울분을 터뜨렸다.[106]

이 글에서 우승규는 황옥을 비롯한 의열단 동지들이 취운정에 모여 촬영한 출옥기념 사진을 소개하였다.

---

106) 나절로, 「백산선생의 이모저모」, 『나라사랑』 제19집, 외솔회, 1975, 97~103쪽.

취운정에서 열린 비밀항일단체 의열단사건의 출옥동지 환영연(1930년). 오른쪽 앞줄 첫째가 우승규, 둘째가 팔진옥 주인 이우경, 셋째가 황옥.

또한 황옥은 1934년 대구의 애국지사 윤홍열[107]과 박시목 등과
도 교유하였다. 이때 윤홍열은 약목과 만주를 오가며 광산경영을 하
였다. 윤홍열이 약목과 만주에서의 광산경영은 박시목과 함께 독립
군 활동과 관련 있었던 것으로 보인다. 당시 박시목[108]은 윤홍열과
함께 광산경영을 위장하여 청년동지들을 규합, 연안으로 밀파 독립
군에 가담시켰던 것이다. 황옥은 윤홍열이 약목에서 광산 경영할
당시 도움을 받았던 것으로 판단된다.

황옥은 1932년 10월 재경문경군인在京聞慶郡人들의 열부정씨 추
모를 위한 발기인 모임에 동참하였다. 열부정씨는 문경출신으로 당
시 경성에서 남편과 함께 노동으로 품팔이하며 살았다. 남편이 병
으로 눕게 되자 갖은 병 구환으로 뒷바라지하였다. 그러나 남편이
사망하게 되자 장례를 치르고 난 뒤 곧바로 한강 웅덩이에 투신자
살하였다. 열부정씨는 남편과 시집 친정부모에게 남긴 유서의 애절
한 사연이 당시 경성 장안에 화제가 되었다. 이리하여 경성을 비롯
한 문경지방에서 대대적인 추모열기가 일어났다.[109] 황옥은 경성에
서 재경지역인사들과도 교류하였던 것이다.

---

107) 윤홍열(1894~1947): 대구출신으로 일본 조도전대학과 명치대학 수학, 동아일보 창간 당
　　시 상무취체역 겸 논설반 주필 역임(1920~1925), 약목과 만주 등에서 광산경영(1930년
　　~1945)을 하였다. 일제하 대구지역 사회운동가이자 1926년 무정부주의 운동으로 '虛無
　　黨선언서'를 발표했던 尹又烈(1904~1927)의 實兄이다. 해방 후 황옥과 가까이 지냈다.
　　허귀진(86세, 대구 중구 하서동, 윤홍열의 자부).
108) 박시목(1894~1945): 의성출신으로 1920년 상해망명 임시정부의정원 의원에 선출, 감찰
　　원으로 경북 지역 군자금 모집 활동, 신간회동경지회 참여(1927~1928), 1930년 이후
　　윤홍열과 함께 광산경영을 위장하여 청년동지들을 밀파 독립군에 가담시켰다. 종교계와 협
　　의 거액 군자금 모집 국내 무력항쟁 및 광복군과 합세 대일선전포고를 계획하던 중 북경에
　　서 피체되어 옥중 순국하였다(1943~1945).
109) 「열부정씨 순행록」, 1937. 열부정씨는 문경 모전출신으로 의병장 신태식의 1922년 독립
　　의용후원단에 가담했던 정원영의 딸이다. 그의 순절을 기리는 彰烈閣이 1933년 경북 문경
　　시 흥덕동에 세워졌다.

일제강점하 이 시기는 일제가 조선반도 지배를 확실히 다지고, 그 발판으로 만주 점령과 중국 대륙 침략을 감행하던 때였다. 이때 많은 민족운동가들은 중국관내 만주 등으로 탈출하여 항일투쟁을 하거나, 국내에서 일제에 순응하는 가운데서도 비밀히 지하활동을 하였다. 황옥은 후자의 범주에 속한다고 보아야 할 것이다.

황옥은 해방이 되자 김시현과 함께 1945년 10월 권동진·오세창·김창숙 등 사계의 권위자 44명으로 구성된 조선독립운동사편찬발기인회에 참여하였다. 이 단체는 조선충의사를 설치하여 순국열사들의 충혼을 위로하는 위령제 해방기념탑의 건설 등을 목적으로 활동하였다.[110]

황옥은 1946년 10월 미군정경찰 제3경무총감부(대구)를 거쳐 제2경무총감부(전주)에서 경무총감으로 정부 수립 전까지 근무하였다. 그는 그해 9월 미군정 경찰조직이 개편되자 경무부장 조병옥의 천거로, 경남북과 충북의 경찰조직을 감독하는 대구의 제3경무총감에 임명되었던 것이다.

황옥은 1949년 5월 20일 반민족행위특별조사위원회의 반민자 김태석 공판에 증인으로 출석하여 의열단 사건을 증언하였다.[111] 김태석은 경기도경찰부 경시로 당시 황옥의 상관이었다. 그는 많은 밀정을 거느리며 독립운동가들을 체포 구금하여 갖은 고문으로 악행을 일삼았던 대표적인 친일 악질 경찰이었다. 이때 일제밀정 권상호도 반민특위에 체포되어 조사를 받았다. 권상호는 권한權漢·김두형金斗衡 등 7개의 가명을 사용하면서 정체를 감추고 활동하

---

110) 「조선독립운동사편찬 발기인회 개회되어 위원선임」, 『매일신보』, 1945년 10월 19일자.
111) 「반민피고 김태석의 4회공판에서 사형이 구형됨…」, 『연합신문』, 1949년 5월 21일자; 「秘話 한世代 – 반민특위 독립투사의 증언」, 『경향신문』, 1977년 8월 18일자.

다 체포되었다. 반민특위 조사서 기록에 의하면, 그는 1923년 3월 15일 황옥에 의해 조황집에 보관되어 있던 의열단 폭탄을 경기도 경찰부에 밀고한 자이다. 조황과 가까운 사이로 조황집에 출입하면서 폭탄을 맡긴 것을 기회로 경기도경찰부에 밀고하였던 것이다.[112]

정부 수립 후 정치활동에 나선 황옥은, 1949년 10월 김성수·백남훈·신익희·백관수·김동원 등 39명으로 구성된 민주국민당 중앙상무집행위원에 선출되었다. 여기에 김시현은 김효석·윤보선·허정 등 9명과 함께 고문으로 선출되었다. 황옥은 1950년 5월 30일 제2대 국회의원선거에 민주국민당 후보로 파주에서 출마하였으나 낙선하였다.[113]

---

112) 「일제밀정 권상호, 국회에서 반민족행위특별조사위원회에 체포」, 『조선중앙일보』, 1949년 7월 3일자.
113) 「민주국민당, 최고위원 상임위원 고문선출」, 『동아일보』, 1949년 10월 22일자; 황인자 (93세, 경기도 용인시 상현동, 황옥의 딸).

2. 납북 그리고 남은 가족들114)

해방 후 황옥의 정치 사회활동을 보좌하며 개인 비서역할을 하였던 사람은 장남 일영一英이었다. 대구와 전주에서 경무총감으로 근무하고 정부 수립 후 서울에서 민주국민당 상임위원으로 정당 활동할 당시 일영은 아버지 곁을 지켰다. 이리하여 6·25전쟁이 발발되자 일영은 아버지 황옥을 찾아온 내무서원에 의해 연행되었던 것이다. 이때 황옥은 김시현·양근환 등 옛 동지들 그리고 민주국민당 등 주요 인사들과 함께 시내 모처에서 사태를 관망하고 있었다.

서울의 각 지역 내무서(경찰서)에서는 북한 측 요원들이 주요 인사들을 찾아 연행하기 시작하였다. 이들은 시내 곳곳을 샅샅이 뒤지며 국회의원들과 남북협상파를 비롯하여 미처 피난을 가지 못한 정치인들을 찾아내 무교동에 있던 성남호텔로 매일 소집했다. 이른바 반동분자 숙청과 요인(저명인사) 체포. 우익계 인사, 지주, 지도급인사, 관직에 있던 인사와 그 가족들까지 색출하여 검거하였던 것이다. 이때 내무서원과 정보원들이 청진동 자택을 여러 차례 방문하였다. 이들은 가족들에게 황옥의 행방을 다그치며 내무서로 자진 출두해 줄 것을 요청하였다. 그리고 아들 일영을 연행하여 갔던 것이다. 황옥은 아들이 연행되었던 내무서로 자진 출두하였다. 이리하여 그는 1950년 7월 17일 다른 인사들과 같이 강제 연행되어 납북대열에 오른 것이다.

---

114) 이 글에서 특별히 근거되는 참고문헌을 밝히지 않은 곳은 황인자(93세, 경기도 용인시 상현동, 황옥의 딸), 황영자(70세, 경기도 구리시 교문동, 황옥의 宗孫女) 두 분의 증언과 족보·호적제적부를 토대로 재구성하였다.

황옥의 북한에서의 활동은 알려져 있지 않다. 다만 전쟁 중 휴전회담이 열리는 가운데 평양의 대남방송을 통하여, 북한노동당의 통일정책과 외국군 철수를 주장하는 그의 목소리를 들을 수 있었다. 이것이 남쪽 가족들이 기억하는 마지막 목소리였다. 이때 그는 벌써 60대 중반을 넘은 나이로, 평양에서 북한체제에 순응하며 살다 북녘 땅 어느 곳에 묻혔을 것이다. 그가 의열단에 가담하여 상해를 내왕할 때 가까웠던 김원봉과 김두봉의 보호 아래 여생을 보냈을 것이다. 이들은 당시 북한 노동당의 노동상 등 고위직에 있었다.

황옥은 2남 2녀를 두었다. 6·25전쟁으로 인해 황옥의 가족들도 해체의 길을 걷게 된다. 큰아들 일영은 3녀 1남을 두었으나 6·25전쟁 중 부인과 아들이 사망하였다. 그는 서울에서의 생활을 청산하고 부산으로 내려가 둘째 부인을 맞이하여 아들政夏 하나를 두었다. 그러나 일영의 아들 정하는 서울대학교 4학년 재학 중, 1983년 11월 교내 민주화 투쟁을 주도하다 사망하였다. 3녀 중 장녀榮子만이 현재 경기도 구리에 살고 있으며 두 딸은 미국으로 이민 갔다. 황옥의 둘째 아들 인웅仁雄은 서울에서 어머니를 모시고 2남 2녀를 두었다. 인웅은 생전에 아버지의 명예회복을 위해 무척 애를 썼다고 한다. 그러나 그도 큰아들明夏가 일찍 사망하고 둘째 아들明仁은 조부(黃鈺)를 비롯한 집안 가족에 대해서 전혀 아는 것이 없었다.

황인자(93세, 경기도 용인 거주, 황옥의 딸)

황옥의 큰딸 인자仁子는 용인에 거주하고 있으며 둘째 딸 인원仁嫒은 일찍이 사망하였다. 큰딸仁子은 93세의 노령에도 불구하고 아버지 황옥과 가족사에 대해 증언하였다. 의열단의거 관련 체포 당시 상황과 김시현과의 관계, 6·25전쟁 중 황옥의 자진 출두하는 모습과 이 과정에서 가족들이 겪었던 생생한 기억은 놀랍게도 연도와 내용이 당시 신문기사와 일치한다. 6세의 어린 나이로 1923년 봄 아버지가 체포당하는 모습과 자식과 남편에 대한 어머니의 애절한 사연을 모두 기억하고 있었다. 특히 어머니는 아버지가 체포당하자 사흘 동안 야밤을 틈타 종이뭉치를 불태웠다고 한다. 아마 아버지의 독립운동과 관련된 각종 비밀문서와 서류들이었지 않나 생각된다고 하였다. 집에는 늘 2~30명의 과객들이 드나들며 묵고 간다고 하였다. 어머니는 집으로 찾아오는 손님들을 위해 온갖 어려움도 마다하지 않고 뒷바라지를 하였다. 그는 법정에서나 감옥에서 출옥하여 해방 전후까지 함께하였던 의열단 동지들은 물론, 아버지를 아는 모든 사람들은 위대한 독립운동가로 열렬한 애국자로 인정하였다고 말한다. 의열단에 가담한 아버지 황옥의 진정한 생각과 행동은, 하늘과 땅 그리고 당신 자신만이 알 뿐 아무도 모른다고 강조하였다. 반세기가 지나 이들이 모두 다 사망하고, 남은 몇몇 기록과 일제 경찰이었다는 이유로 평가를 달리하는 현실을 못내 안타깝게 생각하고 있었다. 그는 또 아버지가 늘 고심하며 살아갔던 모습을 기억하고 있었다. 그의 얼굴에는 독립운동에 가담한 아버지와 삼촌으로 인하여, 집안의 해체를 겪어야만 했던 회한의 표정을 읽을 수가 있었다.

종손자宗孫子 황정하黃政夏의 사망은 황옥의 집안이 또다시 해체되는 비운悲運이었다. 1969년에 황옥의 큰아들 일영이 갑자기 사망하고, 1983년 11월 종손자宗孫子 정하政夏의 사망으로 인한 가문의 절손絕孫은 한마디로 멸문지화滅門之禍이었던 것이다. 그는 부산에서 태어나고 성장하였다. 그의 성장과정을 자세히 알 수 없으나 아버지의 극진한 보살핌과 사랑으로 유소년기를 지냈다. 10살 때 아버지를 갑자기 여의고 의붓 형들과 생모生母 아래에서 청소년기를 보내면서 정신적 심리적 갈등과 방황을 겪었으리라 짐작이 간다. 그러나 그는 생모生母의 극진한 뒷바라지에 힘

황정하(황옥의 종손자, 1983년 사망)

입어 경남고등학교를 졸업하고 서울대학교에 진학하게 된다.

대학시절 그는 농촌과 야학활동을 왕성히 전개하는 등, 대학인으로서 한계를 뛰어넘어 민중과 함께하고자 하는 활동을 펼쳤다.[115] 결코 상아탑에만 안주할 수는 없었던 것이다. 참담한 현실을 직시할 수밖에 없었던 것이다. 민족과 자주 그리고 민중과 함께하여야 한다는 시대적 상황은 그를 역사적 소명의식으로 끌어올렸던 것이다.

시위하다 추락 서울大生 死亡

서울大生 7명 拘束

대학생 3명 구류 街頭시위 혐의

1983년 11월 17일자 조선일보

115) 서울대민주열사추모사업위원회편, 『산자여 따르라』, 도서출판 거름, 1984, 113~119쪽.

황정하黃政夏는 1983년 11월 8일 전두환 군사독재에 항거하여 교내에서 민주화 투쟁을 선언하고 주도하였다. 그는 서울대학교 도시공학과 4학년에 재학 중이었다. 졸업을 불과 2~3개월 앞두고 있었다. 이때 민주화와 민중해방을 위해 그리고 학원탄압에 맞서 서울의 주요 대학에서는 연일 시위가 일어났었다. 서울대학교에서는 황정하를 비롯한 6명의 학생들이 '민족의 생존과 번영을 위한 민주화 투쟁'을 선언하고 교내 시위를 주도하였던 것이다. 황정하는 이 시위에서 경찰과 대치하다 도서관 6층 창문을 통해 밧줄을 타고 내려가던 중 추락하였다. 그러나 그는 경찰의 제지와 방치로 인하여 1983년 11월 16일 서울대학교병원에서 사망하였다.[116]

황정하는 암울했던 시대 민중의 고통을 함께 나누고자 고민하였다. 민족적 이상과 꿈을 실현하기 위해 행동하였다. 이 땅의 민주화를 위해 온몸을 던졌던 것이다.

대학시절 선후배 동료들은 민주열사 황정하를 넋을 기리고자 추모행사를 개최하였다. 이들은 1989년 11월 공대 연못가에 추모비를 세우고, 매년 11월 둘째 주 토요일 오후 4시에 모여 추모追慕의 정情을 나누고 있었다. 그를 기억하는 가족은 없지만 헌걸찬 모습으로 말없이 행동하였던 청년 황정하의 표상을 영원히 기리고자 하였던 것이다.[117]

---

116) 서울대민주열사추모사업위원회편, 『산자여 따르라』, 도서출판 거름, 1984, 129~140쪽; 『조선일보』, 1983년 11월 17일자.
117) 최동진(47세, 경기도 고양시 장항동, 황정하 후배) 이재철(50세, 서울 강남구 삼성동, 황정하 선배)재학시절 동아리(국제경제학회) 활동에 관한 증언과 자료를 제공하였다.

1960년 12월 부산에서 출생

1983년 11월 시위 중 사망

民主烈士 故 黃政夏 추모비(서울대학교 공과대학 앞)

아, 얼마나 치가 떨렸으면
온몸이 기름이 되어
당긴 불길 어두움을 가르고
꽃잎처럼 높은 하늘에 흩어진
한 젊음의 최후엔 차라리
잃었던 민중의 새날이 배였다.
이제 무엇을 두려워하랴
우리는 모였다. 고개 숙여
눈물 젖을 짬도 없이
벗이여 일어나라
압제를 밟아대고 분단을 밟아대고
아, 자유해방 통일 최후의 승리의
그날까지
투사는 단 한번 깨져 천년을 사는 것
투사는 단 한번 깨져 새날을 빚는 것
아, 그 함성 그 혼백은 다시 살이 되어
벗이여 일어나라 벗이여 일어나라.

한말 한두리 장수황씨 대문중은 대종가大宗家를 중심으로 소종가小宗家들이 문중을 이끌어 가며 번성하였다. 그러나 이들 소종손小宗孫들은 1907년 한두리가 의병에 참화를 입고 한일합방으로 나라를 잃게 되자 충청도 등 전국 각지로 뿔뿔이 흩어졌다. 이들은 저마다 살길을 찾아 전국으로 흩어졌던 것이다. 이러한 가운데 황옥의 집안은 조부에 이어 아버지와 형님이 일찍 사망하고 장조카들마저 불구로 후사後嗣를 잇지 못하여 절손絶孫된 상태였다. 황옥의 동생(稷淵)은 일제하 가족과 떨어져 단신으로 독립운동에 투신하였다. 그는 두 아들을 두었으나 작은 아들(仁旭)이 6·25전쟁으로 행방불명되었다. 큰아들(玉麟)의 후손 경하京夏가 경기도 광명에 살고 있다. 그러나 이들도 조부(黃稷淵)와 그 집안들에 대해서 전혀 아는 바가 없었다. 황옥의 집안은 비운悲運의 가족사이었다. 이렇듯 손자 황정하에 이르기까지 3대에 걸쳐, 근현대사 질곡의 현장을 온몸으로 헤쳐 나가고자 하였던 것이다.

황옥의 가계도

세								
21세	泰周(1831~1867, 成均進士)							
22세	義晚(1851~1905) — 義憲(進士 : 出系)							
23세	鍾淵(1871~1917) —			喆淵(鈺, 1887~?, 납북) —				稷淵(1890~1943)
24세	翼賚 —	卯曾 —	仁洙	一英 —	寅雄 —	仁子 —	仁媛	玉麟 — 仁旭
	(1896~1936)	(1907~1968)	(1911~?)	(1912~1969)	(1914~2002)	(1917~생존)	(1922~1982)	(1916~1974) (1939~?)
25세	星夏(絕孫)	大雄(絕孫)		公子	明順			元才
	(1935~2002)	(1942~1976)		1944~미국거주	(1946~미국거주)			(1945~미국거주)
	敬子	大遇(행방불명)		榮實	明夏			奉姞
	(1923~2003)	(1945~)		(1945~미국거주)	(1948~1987)			(1948~)
				榮子	明姬			京夏
				(1938~)	(1944~)			(1953~)
				誠一	明仁			榮夏
				(1941~1952)	(1952~)			
				政夏				
				(1960~1983)				

3. 黃鈺에 대한 재평가

황옥은 1920년대 초기 사회주의운동사와 의열단투쟁사에서 민족운동가들과 함께 등장하는 매우 이례적인 인물이었다. 그는 경기도경찰부 경부로 만주와 중국관내 러시아를 내왕하는 민족운동가들과 같이 활동하고, 의열단의 제2차 폭파계획에 의한 대규모 국내폭탄반입에 주모자로 가담하였다. 이에 연루된 황옥은 식민지 시대가 낳은 의문의 인물로 논란의 대상이 되어 왔다. 이러한 행적에 대해 독립운동으로 인정하는 측면도 있었으나, 독립운동사학계에서는 그의 정체성과 관련하여 일제 주구역할로 단정하였다. 그러나 그의 행적에는 끊임없이 독립운동을 지원하며 민족운동가들과 함께 활동하는 모습을 발견하게 된다. 이러한 점에서 황옥의 행적은 이중성과 양면성을 가진다. 그래서 기회주의적이라는 비판이 재기되고, 그의 행동이 경기도경찰부 비밀경찰로 고급밀정 정탐활동이었다는 것이다. 이처럼 황옥에 대한 판단은 일제의 고등경찰 행위라는 인식이 지배적이었다.

한 사람의 일생을 한 단어로 정의 내린다는 것은 무척이나 어렵고 위험한 일이다. 이는 바라보는 시각에 따라 각기 다른 가치가 그 준거로 사용되기 때문일 것이다. 식민지시기 민족운동사에서, 드러나는 독립운동과 인물뿐만 아니라 그 이면에는 많은 사건과 다양한 인물들이 관련되어 있다. 그렇다고 한다면 몇 가지 사실만으로 추론하여 단정 지을 수는 없을 것이다. 식민지 해방 투쟁에 나타나는 시대적 상황과 논리 근거를 확인하고 역사적 맥락에서

검토하여야 할 것이다. 특히 황옥과 의열단의 경우에는 더욱 그러하다.

1923년 3월 의열단의 대규모 국내폭탄반입사건은 일명 '황옥경부폭탄사건'이라 하여 세상의 이목을 집중시켰다. 의열단의 제2차 국내총공격으로 불렸던 이 사건에 황옥이 주모자로 가담하였던 것이다. 또한 이 사건으로 드러난 고려공산당 이르쿠츠크파 활동은 세간의 의혹과 관심을 더욱 증폭시켰다. 당시 신문과 잡지에서는 '황옥경부(폭탄)사건' 또는 '황옥사건'이라 명명하고 상해 의열단의 대규모 국내폭탄반입사건에 주모자로 가담된 황옥에 대하여 수감에서 재판진행과정, 가족의 근황, 출옥, 주변의 반응(여론) 등에 이르기까지 논설과 평론 대담을 통하여 자세하게 보도하였다.

의열단의 대규모 암살 파괴 계획은 조선총독부를 비롯한 일제의 주요 관공서를 파괴하고 관공리들을 암살하는 것이었다. 황옥은 암살과 파괴 폭파로 일제의 심장을 향해 직접투쟁을 벌인 의열단의 대규모 거사 계획에 가담하였던 것이다. 그러나 이 계획은 거사 직전에 발각되었다. 이에 연루된 황옥은 식민지시대가 낳은 매우 논쟁적인 인물이었다. 황옥은 의열단의 대규모 암살 파괴계획이 거사 직전에 발각됨으로 말미암아, 의문의 인물로 의혹과 관심을 불러일으켰던 것이다.

이것은 황옥을 이용한 의열단의 대규모 폭파계획과 경기도경찰부의 의열단 일망타진 공작으로, 사건을 단순화시켜 축소하거나 폄하하는 경향으로 나타나고 있음을 볼 수 있다. 특히 의열단의 제2차 폭파계획 실행에 폭탄의 규모나 가담된 구성원을 볼 때 이러한 점은 확실히 드러나고 있다. 일제 경찰당국은 이 사건에 직간접 가담자가 수백을 헤아릴 것이라고 하였다. 국내외 직접 가담자 28명 중 평북경찰부 신의주경찰서와 경기도경찰부에 의해 체포 수감된 자가 18명(기소 12명, 면소 1명, 방면 5명)이었으며 이들로부터 폭탄 36개, 권총 5정, 실탄 155발, 불온문서 다수 등을 압수하였다.[118] 이는 항일독립운동사에서 일제 심장부를 쓰러뜨리기 위한 가장 큰 규모의 직접투쟁이었다.

황옥은 상해와 만주를 내왕하며 고등정탐 활동을 하였다. 그는 일제가 식민지 지배체제를 더욱 공고히 하기 위해, 독립운동 조직을 파괴하고 독립운동가를 탄압하던 기관의 간부로 근무하였던 것이다. 그는 독립운동가들이 조선독립을 위해 일제를 향한 맹렬한 공격을 가할 때 이를 사전 봉쇄하기 위한 경기도경찰부의 일망타진 공작의 한 중심에 서 있었다. 그러나 그의 고려공산당과 의열단 활동은 일제의 주구역할로 단정할수록, 독립운동사에 미치는 영향 또한 대단히 크고 간과할 수 없는 중요한 사건이었다.

짧은 기간이지만 항일투쟁기 황옥의 주요 행적을 구분하면 다음과 같이 정리할 수 있다. 첫째 시기는 1919년 4~6월이다. 이때 그는 홍진을 비롯한 이규갑·이명교·한남수 등 국내 한성정부 수립 인사들의 상해 망명과 임시정부 활동을 지원하였다. 황옥은 독립운동에 투신할 것을 약속하고 상해로 건너갔다. 그러나 이 또한 의심을 받고 국내로 돌아오게 된다.

---

118) 「동아일보」 1923년 4월 13일(호외); 박태원, 『약산과 의열단』, 깊은샘, 2000, 121~122쪽.

둘째, 1921년 5월~1922년 6월에는 고려공산당에 가담 활동하였다. 이르쿠츠크파 내지부 간부로 김시현·권정필·김재봉·성욱환 등 13명의 조선노동대회 대표자를 선발하여 모스크바 극동민족대회에 파견하였다. 이들에게 조선노동대회대표 위임장을 발행해 주었으며 국경통과 여행증과 여비를 지원하였다.

셋째, 1922년 7월~1923년 3월에는 의열단에 가담하여 5월 거사를 계획하였다. 그는 김시현 등 고려공산당원들과 국내 폭탄반입에 주도적 역할을 하였다. 또한 의열단의 제2차 국내총공격을 앞두고 국내 자금 모집을 위하여 활동하던 김시현·유석현·김지섭 등이 일경에 추적받게 되자 무사히 피신시켰다.

다시 말하면 황옥은 3·1운동 이후 끊임없이 민족운동가들을 지원하고 의열단의 제2차 폭파계획 행동대원으로 활약하였다. 그러나 그의 이 모든 행위는 조선총독부 밀정정책에 의한 경기도경찰부장 백상우길白上佑吉의 지시에 따라 행동하였다는 것이다. 즉 일제의 고등경찰로서 그의 행위는 언제나 일경의 고급밀정이라는 의혹을 받았던 것이다.

그럼에도 불구하고 황옥의 행적에 대해 재평가되어야 하는 이유는 다음과 같다. 첫째, 그는 형제들과 집안에서 독립운동에 가담 활동하였던 인물이 6명이나 된다는 점이다. 이들 중 황직연(황옥의 제)·김희중(재종매제)·김사용(내외종)은 여러 차례 옥고를 치르다 옥사 또는 병사하였다. 그 밖에 황정연(재종)·송남헌(내외종질)이 있다. 둘째, 엄청난 오해와 위험 의심과 비난을 무릅쓰고 한성정부 수립 인사들의 상해 망명을 도왔으며, 고려공산당원과 의열단원의 극동민족대회 파견 등 민족운동을 적극 지원하였다. 셋째, 의열단의 제2차 국내 적 기관 총공격을 위한 폭탄반입을 주도하고 1923년 5월에 거사를 직접 실행하려 하였다. 특히 김시현과 황옥의 형제들은 모두 의열단에 가담하여 활동하였다. 넷째, 의열단 동지들의 회고록에 독립혁명투사, 훌륭한 애국자로 나타나고 있다는 것이다.

이렇게 볼 때 황옥은 일제통치기구에 편입되어 친일과 애국의 경계선에서 활동하였던 한 사례로서 극명하게 드러나는 인물이다. 그의 행동은 일본제국주의 지배체제에 적응하면서 끊임없이 저항하였다. 또한 3·1운동 이후 밀정정책에 따른 일제의 극심한 민족운동 저지 공작에 따른 대응 전략이었던 것이다. 이것은 일제의 온갖 탄압과 방해 속에서도 다양한 방략을 동원하여 독립운동이 전개되었다는 것을 의미한다. 따라서 실패한 독립운동을 단편적인 근거와 논리 해석으로 과소평가하거나 잘못 이해하여서는 안 될 것이다.

황옥은 식민지 조선 청년 지식인이자 일제 관리였다. 그에게는 일본제국주의 지배체제 아래 순응과 대응, 즉 협력과 저항이라는 양면적인 삶이 공존하고 있었다. 황옥의 행동은 식민지 조선청년 지식인으로, 일제의 관리로서 굴절된 삶이었다. 아울러 친일과 애국의 경계선에서 민족해방이라는 대명제 아래 투영되어 있다. 따라서 그의 행동은 일제에 의해 유린되었던, 식민지 조선인의 민족해방과 자주독립국가 건설을 향한 고뇌와 좌절이었다.

黃鈺年譜

1887년 5월 3일 경상북도 문경시 산북면 대하리 459번지 출생 도천서당에
　　　　　서 송병진(宋南憲의 父)과 한문수학
1906년 5월 문경지방 최초의 사립 도천소학교에서 신교육을 받음
1907년 9월 3일 의병들에 의해 사립도천소학교 화마(火魔)를 입음
1908년 3월 사립도천보통학교 재건
1908년 10월 사립도천보통학교 재건운동
1909년 8월 16일 재판소번역관보(판임관4등) 선천구재판소, 평양구재판소
　　　　　敍任. 발령
1910~1911년 평양지방재판소 진남포구재판소(지부) 서기 겸 통역생
1912~1919년 해주지방법원 송화지청 서기 겸 통역생.
　　　　　변호사 홍진과 교유, 상해 내왕
1919년 4~6월 상해로 건너감, 한성정부 수립 인사(홍진, 이규갑, 이명교,
　　　　　한남수 등) 망명 및 임시정부 활동 지원
1919년 7월 부산지방법원 진주지청 서기 겸 통역생
1920년 3월 경기도 직속 도경부
1921년 5월 고려공산당 이르쿠츠크파 내지부 간부 선임
1921년 10월 극동민족대회 국내대표단 선발 및 파견
　　　　　(김시현, 김지섭, 권정필, 성욱환 등 13명)
1922년 경기도경찰부 고등경찰과 경부
1922년 7월~ 김시현, 김지섭, 이현준을 통해 의열단장 김원봉, 고문 장건
　　　　　상 등과 의열단 폭탄반입 협의
1923년 2월 11일 천진에서 의열단 가입
　　　　　3월 3일 김원봉으로부터 폭탄을 넘겨받아 김시현과 함께 국내로
　　　　　폭탄 수송
　　　　　3월 14~15일 신의주와 경성에서 일경에 폭탄 발각
1923년 3월 19일 의열단의거(일명: 황옥경부폭탄사건)로 피체
1923년 8월 21일 제령위반폭발물취체규칙급총포화약취체령위반 징역 10년
　　　　　선고(경성지방법원) 서대문형무소 복역

1925년 12월 16일 장결핵급폐렴삼윤증으로 형집행 정지 석방

1928년 5월 30일 재수감(1924년 1927년 두 차례 은사로 5년 7개월 15
        일로 감형)

1928년 11월 10일 칙령 제270호에 의거 감형, 징역 4년 1개월 18일로
        변경

1929년 2월 14일 잔여 형기 8개월 15일을 남겨 두고 가출옥

1930년~ 의열단 동지들과 교유(백산 안희제 등)

1932년 10월 在京 聞慶郡人 烈婦정달분 포창발기인 참여

1934년 대구에서 윤홍열·박시목 등 영남지역 독립운동가들과 교유

1945년 10월 조선독립운동사편찬발기인회 위원

1946년 10월~1948년 대구(제3경무총감부) 전주(제2경무총감부) 총감 근무

1949년 6월 반민특위에서 의열단의거(밀정 권상호, 친일경찰 김태석) 증언

1949년 10월 민주국민당 상임위원 선임

1950년 5월 제2대국회의원선거 파주에서 민주국민당후보로 출마 낙선

1950년 7월 6·25전쟁으로 납북

제3부

한두리 사람들의 독립운동

1930년 서대문형무소 옥중의 황직연(1890~1943)

제6장 서울에서 사회주의운동을 펼친 黃稷淵

1. 출생과 성장, 독립운동의 길

황직연(1890~1943)은 1890년 2월 8일 경상북도 문경시 산북면 대하리 459번지에서 태어났다. 이 지방 명문가의 유복한 집안에서 태어난 그는 평범하게 성장한 것으로 보인다. 이 시기 비교적 보통 아이들과 같이 서당에서 한문을 수학하였다. 집안 어른들의 가르침과 형들을 따라서 1906년 문중에서 설립한 사립도천보통학교에서 신학문을 3년간 배웠다. 그는 형(황옥)과는 달리 특별히 뛰어난 모습과 행동은 없었다. 한두리와 도천학교가 의병참화를 당했을 때도, 그저 집안 어른들과 형님들이 하는 일을 지켜볼 뿐이었다. 도천학교가 폐교되고 집안 형제들이 뿔뿔이 흩어지게 되자 그도 살 길을 찾아 나설 수밖에 없었던 것이다. 한일합방 이후 조선총독부 산하 임시토지조사국 측량과 기수로 근무를 하게 된다.

황직연이 임시토지조사국 측량과 기수로 일제의 토지조사사업에 참여하게 되는 특별한 이유나 과정이 있었던 것이 아니다. 일제의 국권 침탈로 인한 조선사회가 엄청난 변혁 속에 순응하는 과정이었다. 을사조약 이후 1906년 개화 신지식층의 신교육 구국운동에 의한 사립학교가 전국적으로 수천 개가 설립되었듯이, 1908년 통감부의 삼림법 공포로 수백 개의 측량학교가 설립되었다. 지방의 대문중大門中에서는 자신들의 임야를 지키기 위해 급히 측량기술을 배워야만 했다. 이리하여 자제들에게 측량교육을 실시하게 되며 측량학교를 설립하였던 것이다. 신교육을 받은 이들은 한일합방 전후 대부분 일제의 통치기구 하부조직에 편입되었다. 황직연을 비롯한 도천학교 출신들은 총독부 지방관서의 하급관리 또는 재판소 서기 및 통역생, 그리고 임시토지조사국에 근무하였다.

황직연은 1912년부터 1914년까지 임시토지조사국 측량과 기수로 2년 남짓 근무하였다.[119] 그는 충남지방 일대에서 토지측량작업을 하였다. 그는 왜 일제의 토지조사가 전국적으로 실시되는 시점에서 그만두게 되었는가? 일제는 강점 초기 조선반도 지배의 확실한 기반을 구축하고자 지방행정구역 개편과 아울러 토지조사사업을 실시하였다. 일제의 토지조사사업은 식민지 경영의 안정적 재원을 마련하는 데 있었다. 이를 위해 일제는 토지조사사업을 조기에 마무리하고자 예산과 인력을 대폭 늘려 투입하던 시기였다. 황직연은 토지조사로 인한 일제의 야만과 폭압에 신음하는 농민들을 보았을 것이다. 무엇보다도 조선인 차별에 대한 분노와 적개심이 그로 하여금 드러나지 않는 민족적 독립심을 갖게 하였을 것이다. 이리하여 그는 뚜렷한 사상성이나 노선 단체에 속하지 않고 일제하 혈혈단신으로 독립운동 현장에서 활동하게 된다.

---

119) 「조선총독부급소속관서직원록」, 조선총독부, 1912~1914.

3·1운동은 식민지 조선청년들에게 새로운 자각과 분발을 촉구하는 거족적擧族的 메시지였다. 황직연은 마침내 독자적 민족운동의 길을 모색하게 된다. 한두리 도천학교 출신 가운데 황옥·황정연·김희중도 바로 이때 독립운동을 결심하게 되었다.

2. 군자금 모집 활동과 사회운동

황직연의 수형기록에 의하면 공사문서위조와 공갈미수사건이 나타난다.[120] 첫 번째는 공사문서위조 사건으로 1919년 10월 11일 해주지방법원에서 징역 1년 형刑을 받았다. 이 사건은 구체적인 사실을 확인할 수 없다. 다만 이곳 해주지방은 3·1운동이 일어나기 전까지 그의 형(황옥)이 송화지청에서 재판소 서기 및 통역생으로 근무하던 곳이었다. 이때 가족들이 송화에서 살고 있었다. 이러한 연고로 해주지방에서 독립운동자금 모집과 관련된 사건이 아닌가 짐작할 뿐이다.

두 번째 공갈미수사건은 1926년 4월 13일 공주지방법원홍성지청에서 징역 10개월 형刑을 받았다. 이 사건은 보령지방 자산가인 황오현에게 군자금을 요구하다 발각되었다. 판결문에 의하면 그는 1926년 3월 14일부터 28일까지 4회에 걸쳐 상해임시정부 명의로 군자금 70원 내지 120원을 요구하였다.[121] 황오현과의 관계는 일찍이 충남지방(공주·논산·보령·금산)에서 임시토지조사국 측량과 기수로 근무할 당시 면식이 있었던 것으로 판단된다. 당시 일제경찰은 이러한 독립운동 관련사건에 대해서 공갈미수, 사기미수 등 파렴치한 잡범으로 몰아갔던 것이다.

황직연은 1923년 그의 형(황옥)이 의열단의거로 피검되고, 1925년 경성전수학교에 수학하면서 사회주의 사상에 접하게 된다. 형으

---

120) 국가기록원소장, 『犯罪人名簿及破産者名簿』, 산북면사무소.
121) 「판결문」, 대정 15 형공 제337호, 공주지방법원홍성지청.

로부터 공부에 매진하여 집안을 책임지라는 당부에도 불구하고 사회주의 운동에 열중하였던 것이다. 그는 일제하 조선민족이 처한 현실에 깊은 관심을 가지고 사상운동에 뛰어들었던 것이다. 개성과 홍원 등 노동 사회운동이 활발한 지역의 청년학생들과 교유하였다. 그는 면식 있는 청년학생들을 지원하며 독자적인 활동을 하였다.

황직연은 1926년 6월 함남 홍원육영학교에서 「互相扶助」라는 제목의 강연을 한 것이 나타난다.[122] 이때 그는 군자금사건으로 공주지방법원홍성지청에서 징역 10개월의 형을 받고 복역 중이라 실제 강연은 못 하였을 것이다. 그러나 그가 다른 연사들과 같이 강연 일정에 포함된 것은, 홍원육영회의 강연초청을 받고 군자금 모집활동을 하다 발각되어 체포된 것으로 판단된다. 아무튼 이 시기 황직연은 본격적으로 사회주의 운동에 참여하였던 것이다.

홍원대강연회
(시대일보 **1926**년 6월 **14**일자)

---

122) 「洪原大講演會」, 『시대일보』, 1926년 6월 14일자.

3. 의열단 의거 가담과 정의부명의 격문배포

황직연은 1923년 3월 실형實兄 황옥黃鈺의 의열단 의거에 연루되었다.[123] 황옥은 1923년 3월 15일 폭탄을 보관하고 있는 김사용과 조황이 체포되자, 동생 직연稷淵을 시켜 김시현이 피신토록 하였다. 그리고 이번에는 도저히 피할 수 없게 되었으니 집안을 돌보라는 당부를 하였다. 폭탄이 무사히 서울까지 반입되었으나 은닉 보관하는 과정에서 탄로되어 경찰의 수사망이 좁혀 오는 긴박한 상황이었다. 황옥은 이미 자신에게 닥쳐올 일에 대해 결심을 하고 동생에게 뒷일을 처리해 줄 것을 부탁하였다. 동생을 통해 동지들의 피해를 막고자 하였던 것이다. 그리고 그는 노모와 집안 식구들을 잘 돌볼 것을 간곡하게 당부하였다.[124]

이 사건에 연루된 황직연은 3개월 동안 경찰 취조를 받았으나 무혐의 방면처분을 받았다. 형이 10년 형을 선고받고 서대문형무소에서 옥고를 치르고 있을 때, 그는 집안을 돌보라는 형의 간곡한 당부에도 불구하고 군자금 모집과 사회운동에 열중하였다. 비로소 사회주의 사상으로 무장된 독립운동에 큰 뜻을 실행하기에 이른다. 그는 이미 집안과 가족을 떠나 단신으로 항일투쟁에 나섰던 것이다.

황직연은 1925년 경성전수학교에 입학 2년간 수학하였다는 일제 경찰의 심문조서가 있다.[125] 그는 이때 사회주의에 접하게 되며 사

---

123) 「고등경찰요사: 폭도사편집자료」, 경상북도경찰부, 1934, 219쪽.
124) 독립운동사편찬위원회, 「판결 大正12년 刑公467호」, 『독립운동사자료집』 제11집 의열투쟁사자료집, 1976, 771~772쪽.
125) 「조선공산당 재건을 목적으로 하는 코민테른 조선레포트회의 사건」, 京東警高秘 第1311號, 소화 9년 6월 10일 경성동대문경찰서장.

상운동에 뛰어들었던 것으로 보인다. 당시 신문물과 신교육을 받은 청년학생 신지식층들에게는, 일본제국주의에 대한 저항 이념이자 식민지 민족의 독립이념으로, 나아가 민족해방을 위한 방략으로 받아들여졌다. 이들은 노동자 농민에 대한 의식계몽활동과 함께 사회주의 운동을 전개하였다. 식민지 민족의 해방을 가능하게 할 새로운 이상형 사회를 제시하며 복음과도 같이 받아들여졌던 것이다.[126]

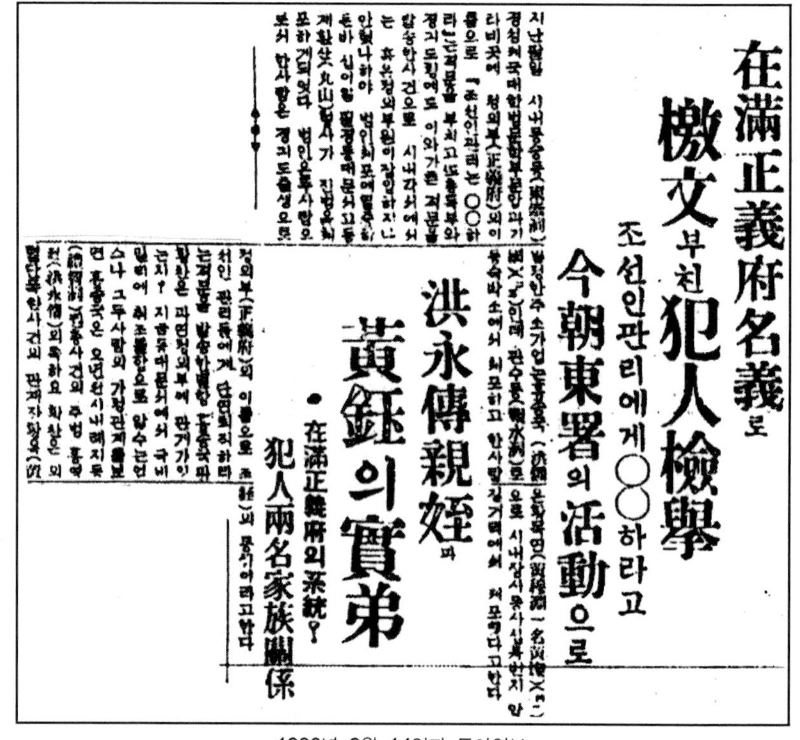

1930년 9월 14일자 동아일보

---

126) 전상숙, 「사회주의 수용양태를 통해본 일제시기 사회주의운동의 재고찰」, 『동양정치사상사』
제4권 제1호, 2004, 156~158쪽.

황직연은 정의부명의 격문을 직접 제작 배포하여 항일투쟁을 전개하였다.[127] 그는 1930년 9월 초 「無産同志에 檄함」과 「朝鮮官公吏諸君에 告함」이라는 격문을 작성하여 경성제국대학 법문과 앞 전주 등 4곳에 붙였다. 또한 광화문우편국에서 우편으로 경기도청과 조선총독부로 발송하였던 것이다.

이 격문은 동지 홍종국과 함께 장충단공원에서 정의부명의로 반지半紙에다 모필毛筆로 작성하였다. 그 내용은 공산주의 사회 건설과 조선민족 해방을, 그리고 각 공장 노동자는 총궐기하여 농민과 함께 노농단체를 조직할 것을 주장하였다. 조선인 관공리는 즉각 사퇴하고 정의부 지휘에 따를 것을 요구하였다. 이 격문은 그 내용이 매우 비장하고 격렬하였다. 당시 사회주의 운동가들이 지향하는 민족해방과 계급해방 운동방침을 그대로 나타내고 있다.[128]

황직연의 사회주의 운동은, 식민지 조선사회가 안고 있는 민족모순과 계급모순을 해결하기 위한 민족과 계급해방운동이었다. 그가 작성한 격문은 일제의 수탈과 착취로 고통받고 있는 조선민중해방운동이었다. 이와 같은 격문 살포는 1930년을 전후한 시기 전국적으로 일어나고 있었다. 당시 노동자 농민 청년학생들은 각 지역 공장, 학교 등에서 격문을 제작해 배포하였다. 이러한 격문을 통해서 사회 노동운동의 분발을 촉구하며 항일투쟁을 전개하였던 것이다.

---

127) 「在滿正義府名義로 檄文부친 犯人檢擧」, 『동아일보』, 1930년 9월 14일자; 「官公署 投書犯 東門署에 遂被捉」, 『조선일보』, 1930년 9월 14일자.
128) 「격문범 검거에 관한 건」, 東高秘 제7620호, 소화 5년 9월 15일 경기도경찰부장.

「無産同志에 檄함」

一. 我等은 一切 私有財産制度를 否認하고 共産制度 社會建設
　　에 邁進합시다.

二. 我等은 一切 旣成團體를 否認합시다.

三. 我等은 第二次 世界大戰 ○ ○ ○ ○ ○ ○ ○ 적극 反對
　　합시다.

四. 日本 帝國主義를 驅逐하고 朝鮮民族의 獨立을 促進합시다.

五. 全世界 各工場을 國營化하고 罷業을 斷行하여 武裝으로
　　○ ○ ○ ○ KS를 占領합시다.

朝鮮民族 獨立萬歲

全世界 弱小民族 解放萬歲

全世界 無産同志는 總蹶起합시다.

「朝鮮人官吏諸君에 告함」

本府는 朝鮮民族을 代表하여 一官 諸君에게 勸告하지만 諸君
도 萬一 祖國을 愛護할 처지에 있다면 此際에 속히 現職을 버리
고 한 자루의 食刀라도 持參하여 本府의 指揮를 기다려야 할 것
이다. 그렇게 하지 않는다면 반드시 噬臍하고 後悔할 것이다. 하루
라도 빨리 諸君들은 스스로 결정하기를 간절히 바란다.

단기 4253년 9월 8일 正義府

263 　　　　　　　　　　　　　　　　　　　　　262

（檄）
無産同志ニ檄ス

一、我等ノ一切ノ私有財産ヲ社會ニ建設ニ邁進シ共産制度ニ
一、我等ノ一切ノ院政團体ヲ
一、我等ハ第二次世界大戦ヲ
一、日本ノ帝國主義ヲ打倒シテ朝鮮民
　後ニ独立ヲ促進シ
一、全世界ノ工場ニ同盟罷工シ
以テKSヲ倒シ
不朝鮮民族独立ヲ
一、全世界弱小民族解放運動ニ
一、全世界無産同志ニ

“WL”

（副檄第二号）
一　朝鮮人官吏諸君ニ告グ

本席ハ朝鮮民族ヲ代表シテ一言諸君ニ勧告ス
ルカ諸君モ亦一祖國ヲ愛護スル所ヨリ忍ヒ此隆遷
ヲ理解シ我子ヲ孫ニ食力ヲ以テ我等
ノ指揮ニ待ツヘシ然ラサレハ仕ス爛憤ノ後悔カ
アル（ヤニハ百世千歳）諸君ノ自決ヲ計ルヘシ
切望ス
四二六三年九月八日
　（檀君暦）

正　義　府

황직연이 만주정의부에 직접 관계되었는지는 확인할 수가 없다. 당시 정의부는 1920년대 초기 의열단의 위력만큼이나 일제가 두려워했던 항일독립운동 단체였다. 이 단체는 1920대 중후반기 만주에서 군사정부를 조직하여 일본 군경과 격렬히 싸운 항일무장단체였다. 황직연이 정의부 명의로 격문을 작성한 배경에는, 그 내용으로 볼 때 일찍이 의열단의 강력한 대일 경고문인 '조선혁명선언'과 함께 '조선인관공리제군에게 고함'이라는 문서에서 영향을 받은 것으로 판단된다. 이 문서는 황옥이 1923년 3월 폭탄과 함께 국내로 반입한 의열단 비밀문서가 총독부 이하 각 도청으로 발송한 사실이 있다. 이와 같이 황직연도 일제에 대한 강력한 경고 메시지로 항일투쟁을 전개하였던 것이다.

일제경찰은 범인 검거를 위해 서울 장안을 긴장의 도가니로 몰아넣었다. 주모자 황직연과 홍종국은 동대문경찰서 고등계 환산丸山형사에 의해 1930년 9월 12일 장사동과 관수동노동숙박소에서 체포되었다. 이들은 그해 12월 4일 경성지방법원에서 치안유지법위반으로 각각 징역 2년과 1년의 형을 선고받았다. 황직연은 서대문형무소에서 만 2년간 옥고를 치렀다.[129]

---

129) 「九月檄文事件 最高 二年役」, 『동아일보』, 1930년 12월 5일자; 국사편찬위원회편, 『한민족독립운동사자료집』 별집9, 1993, 501쪽.

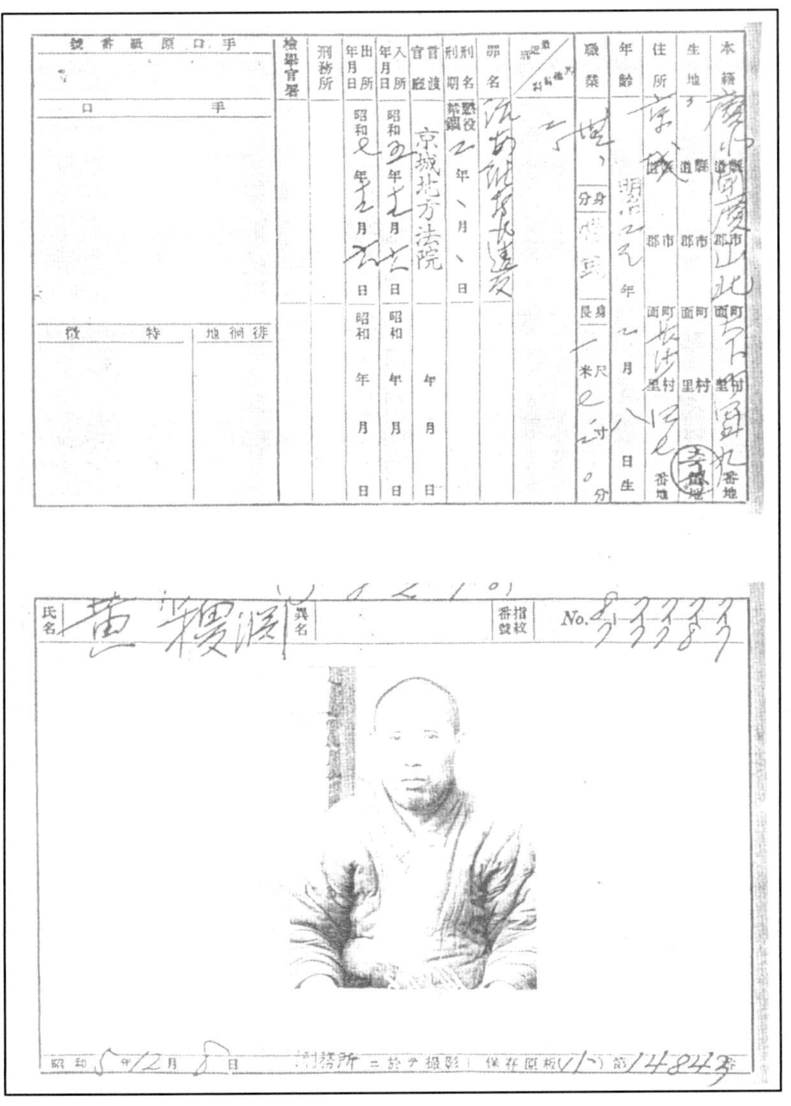

황직연의 서대문형무소 수형기록카드

4. 조선공산당 재건운동 지원

황직연은 1932년 12월 6일 서대문형무소를 출옥하자마자 곧바로 사회주의 운동에 투신하게 된다. 그는 1934년 4월 신갑범이 주도한 '조선공산당재건을 위한 코민테른조선레포트회의' 사건에 가담하였다.[130] 이 사건은 일제 말기 사상 전향한 신갑범이 주도하였으며, 44명이 연루되어 황직연을 비롯한 18명이 동대문경찰서에 구속되었다.

황직연은 1933년 3월 '천도교정체폭로비판회'에서 신갑범과 서로 알게 되었다. 그는 신갑범의 조선공산당 재건을 위한 비밀결사 조직에 동지 획득과 조직 확대를 적극 지원하였다. 신갑범은 경성부 광화문통 160번지 광신여관에 거주하고 있던 황직연을 수십 회 방문하였다. 이때 황직연은 신갑범에게 여러 차례에 걸쳐 운동비용을 전달하고 자신이 알고 있는 학생 청년들을 소개하였다. 그리고 신갑범이 발행한 3·1기념투쟁선전강령 등 팸플릿을 교부받아 동지들에게 배포하였다.

일제경찰은 황직연에 대해 개전改悛의 정情이 없이 여전히 사회주의 운동에 종사하고 있다고 하였다. 당시 사회주의 운동가들은 민족주의자 특히 천도교지도자들의 민족개량노선을 신랄하게 비난하였다. 민족해방운동과 민족혁명에서 가장 위험한 노선으로 지목하고 이들의 정체를 폭로하고 비판하였던 것이다. 이때 황직연은

---

130) 「중국공산당동만특별위원회한인위원회의 조선공산당재건 피의사건 수사에 관한 건」, 京東警高秘 第132號, 소화 9년 4월 24일 경성동대문경찰서장.

이른바 신갑범그룹의 조선공산당재건운동을 지원하였다. '조선공산당재건을 위한 코민테른조선레포트회의'는 신갑범을 비롯하여 대부분 20대 개성송도고보생과 함남홍원지역 청년들이었다.

황직연은 이 사건으로 피검되었으나 불기소처분을 받은 것으로 판단된다. 그는 40대 중반 나이로 직접 가담하여 활동하지 아니하고 원조 지원하였다는 것이다. 신갑범의 '조선공산당재건촉성경성지방위원회'라고도 했던 이 사건에 피검되어 조사받은 기록에 의하면

> 황직연은 소화 8년(1933년) 3월 이래 천도교정체폭로비판회 당시 신갑범과 친교를 맺은 자로, 소화 9년(1934년) 2월 이래 신갑범의 조선공산당 재건을 위한 비밀결사 조직 동지 획득 및 조직 확대 강화에 분주하게 활동한 사실을 알고, 지지확대를 목적으로 자기가 거주하고 있는 경성부 광화문통 160번지 광신여관에 신갑범이 수십 회 방문하여 대면과 식사를 제공하였다. 황직연은 2월 15일경 신갑범이 3·1기념투쟁선전강령 발행할 즈음에 복사 등사판 철필 지엽 등과 발송비용으로 60전을 급여하고, 3월 중순과 4월 17일경 2회에 걸쳐 신갑범의 운동비용으로 사용한다는 이유로 금전을 대여해 달라는 청구에 응하였다. 또한 황직연은 신갑범이 학생 또는 직공 중 의식분자를 소개받기를 요망하여, 본년 3월 중순에서 하순에 고학생 이주몽·박충서·김종우·황금용·김순진 등을 소개하였다. 황직연은 4월 20일 신갑범의 불온 팸플릿 3부를 받아 신의 지시에 따라 1통을 황금봉에게 주고, 4월 10일경 신갑범의 함흥동지 김성호와 통신 연락장소를 정하기를 의뢰받아, 부내 통의동 99번지 채한식의 아지트를 알선하여 신갑범의 활동을 적극적으로 원조하였다.[131]

---

131) 「조선공산당재건을 목적으로 하는 코민테른조선레포트회의 사건」, 京東警高秘 第1311號, 소화 9년 6월 10일 경성동대문경찰서장.

5. 감옥에서의 마지막 생애

황직연은 1943년 10월 11일 대전형무소에서 사망하였다.[132] 그가 언제 어떻게 하여 얼마 동안 구금되었는지, 또 무슨 이유로 옥중에서 사망하게 되었는지 알 수 없다. 다만 일제 말기 상황으로 판단할 뿐이다. 이 시기는 일제에 의한 만주침략과 중일전쟁 그리고 태평양전쟁으로 확전되는 상황에서, 전시총동원체제를 구축하기 위한 방편으로 조선인 사상범통제와 전향정책을 실시하던 때이다. 이때 일제는 사회주의 운동가들에 대한 가혹한 탄압과 학살을 자행하였다. 이러한 극단적인 상황에도 불구하고 이들은 조선독립과 민족해방을 위해 혁명의 투쟁성을 끝까지 지켰다. 그의 죽음은 당시 사회주의 운동가들의 저항이 옥중 사망으로 이어진 사례에서 찾을 수 있을 것이다.

황직연은 1934년 6월 '조선공산당재건을 위한 코민테른조선레포트회의'사건에 연루되어 구속되었으나 불기소 처분을 받았다. 그러나 그는 일제경찰의 밀착감시로 더 이상 활동할 수 있는 상황이 아니었다. 경성은 사회주의 운동가들에게 거대한 감옥이었다. 경성의 사회주의 운동가들은 일제의 극단적으로 가혹해지는 사상범탄압으로, 거의 체포되었거나 검거망을 피해 위장하며 은밀히 활동할 수밖에 없었다. 황직연도 경찰의 감시 아래 언제든지 구금될 처지에 놓여 있었다. 일제의 '조선사상범보호관찰령'으로 그는 경찰의 감시망을 피하기 위해, 효제동에서 젊은 여성동지 최병희와 동거생활

---

132) 「호적제적부」, 서울 동대문구청.

을 하였던 것으로 보인다.[133)

　일제는 사상범에 대한 보다 강력한 통제가 필요하게 되자, 1936년 12월 21일 사상범의 선도와 재범방지의 명분으로 '조선사상범 보호관찰령'을 실시하였다. 또한 끝까지 전향하지 않은 사상범을 대상으로 '조선사상범예방구금령'을 1941년 2월 12일에 실시되었다.[134) 일제는 사회주의자의 혐의가 있다고 인정될 경우 닥치는 대로 검거하였다. 검거 뒤에는 경찰과 검찰의 취조가 이루어졌다. 그것은 단순한 취조가 아니었다. 길면 2~3년에 이르는 취조과정에는 상상을 초월한 악형이 따랐다. 심지어 검찰에 송치되기 전에 경찰서에서 목숨을 잃는 운동가들도 적지 않았다. 다행이 이 과정에서 살아남으면 장기간 형이 기다리고 있었다. 여기에 치안유지법이라는 악법으로도 사회주의 계열의 민족해방운동을 막을 수 없게 되자 일제는 사상전향정책을 실시하게 된다. 경찰과 검찰, 감옥에서 사회주의를 포기하겠다는 뜻을 밝히면 석방과 감형조치가 취해졌다. 그러면서도 일제는 전향하지 않은 운동가들에게는 일벌백계의 엄벌주의를 적용했다. 민족해방운동은 일신의 안녕은 물론이고 심할 경우 목숨까지도 내놓아야 하는 위험을 수반하는 것이었다. 일제의 가혹한 탄압 아래서도 사회주의 운동가들은 민족해방과 계급해방 궁극적으로는 인간해방이라는 꿈을 포기하지 않았다.[135)

---

133) 崔丙姬(1916년생): 양주군 윤계면 상봉암리(현재 동두천시 상봉암동) 출신으로 상경하여 공장생활을 하였던 것으로 보인다. 1935년 12월 21일 일제의 조선사상범보호관찰령 실시로 은신 도피 중이던 황직연과 위장 동거하였던 것으로 판단된다. 이들 사이에서 태어난 황인욱(1939년 1월생)이 있었으나 최병희와 황인욱은 6·25전쟁 중에 월북하였다고 한다. 「호적제적부」, 서울 동대문구청: 최길송(70세, 경기도 포천시 신읍동, 최병희의 친정 조카).

134) 전상숙, 「일제파시즘기 사상통제정책과 전향」, 『한국정치학회보』 39집 3호, 2002, 198~204쪽.

135) 황민호, 「전시통제기 조선총독부의 사상범 문제에 대한 인식과 통제」, 『사학연구』, 2004,

황직연은 조선사상범예방구금령 실시로 대전형무소에 구금되었
을 것이다. 그는 당시 수천수만의 사회주의 활동가들과 함께 조선
독립과 민족해방을 이루려는 사회주의 운동에 참여하였다. 이후 일
제의 집요한 전향 회유 공작에도 굴하지 않고 1943년 10월 11일
대전형무소에서 옥중 사망하였던 것이다.

일제침략기 나라와 집안 문중이 해체되는 과정 속에서 성장한
황직연의 민족의식 발로發露는 3·1운동 이후 나타나기 시작했다.
그는 1920년대 후반부터 10여 년간 사회주의 사상의 흐름 속에,
조선독립과 민족해방이라는 절체절명의 과제를 안고 살았다. 젊은
학생 청년들과 같이 사회주의 운동에 뛰어들어 이들을 지원하며
독자적인 활동을 하였다. 그는 "공부에 매진하여 집안을 돌보라"는
형(황옥)의 간곡한 당부에도 불구하고 이미 집안과 가족들을 떠나
있었다. 그는 식민지조선의 중심 경성의 한복판에서 일제의 야만과
폭압에 굴하지 아니하고 저항하였다. 그의 생애는 겨우 53년에 지
나지 않지만 옥사獄死할 때까지 20여 년을 민족운동에 몸바쳤던
것이다. 일제하 황직연의 독립운동은 60여 년이 지난 2005년 봄
그의 후손을 찾아 비로소 세상에 알릴 수가 있었다.

210~211쪽, 218~219쪽, 233~236쪽.

제7장 그 밖의 독립운동가들

1. 만주조선인대회 중앙집행위원 金熙重

출생과 성장

김희중(1894~1932)

김희중은 1894년 6월 6일 경상북도 예천군 용궁면 송암리 경암마을에서 태어났다. 이곳 경암마을은 400여 년을 이어온 김해김씨金海金氏 삼현파三賢派 집성촌이다. 이곳에서 성장한 김희중은 1918년 결혼과 동시에 아래 한두리(경북 문경시 산북면 대상리 30번지)로 이거移居하였다. 이때 그의 친동생 4남매와 사촌형제들이 모두 한두리로 이거하게 된다.[136]

김희중의 성장기에 영향을 준 인물은 조부(斗哲)였다. 그는 용궁

---

136) 『호적제적부』, 문경시 산북면사무소 ; 『호적제적부』, 예천군 용궁면사무소.

에서 일어났던 동학에 집안 자제들을 단속하고 서상열 의병부대가
유진할 때 군사와 식량을 지원하였다. 1908년 용궁에 학교 설립을
주도하였으나 뜻을 이루지 못하였다.[137] 성균진사로 향반 가문의
사족으로 성장한 조부의 이러한 모습은, 지역상황과 시대변화의 흐
름에 적절하게 대응해 나가는 과정이었다. 조부는 한말 8진사로 명
성을 날린 한두리 장수황씨 문중과 교분이 있었던 것으로 판단된
다. 김희중이 한두리 도천학교에서 신학문을 배울 수 있었던 것도
이러한 연유였을 것이다. 김희중은 1915년과 1916년에 조부(斗哲)
와 부(榮浩)가 연이어 사망하자 집안을 이끌고 한두리에 정착하였
다.[138]

한 문중의 주손이 가족들을 이끌고 대대로 삶의 터전을 가꾸어
온 고향을 떠나 한두리로 이거 정착하였던 것이다. 김희중이 한두
리에 정착하게 된 계기는 장수황씨 가문의 든든한 배경이었다. 종
손으로서 가족들과 형제들을 책임질 수 있는 곳이 바로 한두리였
기 때문이다. 이리하여 여동생(龍伊)은 한두리 장수황씨 문중의 석
연石淵(황옥과 6촌)과 혼인을 맺게 된다. 김희중은 황정연과 이웃사
촌으로 늘 함께 지냈으며, 한두리 장수황씨문중과의 관계는 매우
가까웠다. 이는 후일 그가 주도한 북경의 제2보합단 국내지단설치
군자금을, 동지이자 재종매부인 황정연을 통해 황의목(황정연의 재
당숙)으로 부터 지원받았다는 사실에서 알 수 있다.

한일합방이 이후 김희중도 일제의 통치기구 하부조직에 편입된
다. 김희중은 1912년부터 1915년까지 조선총독부 임시토지조사국

---

137) 『金海金氏大同譜』 卷之乙三, 23쪽.
138) 『호적제적부』 문경시 산북면사무소.

측지과 기수로 근무하였다.[139] 일제의 토지조사가 한창 진행될 무렵 그만두게 된 이유 중 하나는, 조부와 부의 사망으로 집안을 이끌어 가야 할 위치에 놓여 있기 때문이었을 것이다. 그러나 그의 가족들과 형제들이 모두 한두리에 정착하게 되고, 도천학교 출신 젊은이들이 고향을 떠나 있을 때 그도 한두리에 머물러 있을 수만은 없었다.

북경 제2보합단 국내지단 군사령부 설치 주도

김희중이 독립운동의 길로 들어서게 된 시기는 1919년 3·1운동으로 민족의 독립정신이 고양되었을 때였다. 이 시기 국내의 청년 학생들은 독립운동의 거점을 찾아 국외로 떠났다. 김희중은 만주와 북경을 오가며 독립운동가들과 교유하였던 것으로 보인다. 1921년 북경에서 박용만과 이회영이 주도하는 제2회 보합단에 가입하여 국내 독립지단 설치를 위해 활동하였다.

김희중이 가담된 박용만의 북경 제2회 보합단은, 1920년 4월 상해에서 북경으로 돌아온 신채호·노백린·김창숙 등과 함께 무장투쟁 노선에 따라 조직한 독립운동단체이다. 제2회 보합단 조직은 단장 박용만·군자장 노백린·재임장 김창숙·내임장 신채호·사령관 김좌진으로 구성되었다. 보합단은 대조선공화국임시정부를 지향했던 점으로 미루어, 그 전 단계로 조직된 임시기관이었다.

이들은 보합단을 통하여 독립군 통할체인 대조선국민군의 조직

---

139) 「조선총독부급소속관서직원록」, 조선총독부, 1912~1915.

하여 군정부의 역할을 목표했던 것 같다. 이리하여 보합단은 국내 외 각처에 요원을 파견하여 군자금 모집활동을 활발하게 전개하였 다.140)

1921년 8월 김희중은 경성에서 황정연 이춘구와 회합하고 군사 령부 설치를 추진하던 중 10월 말경 일경에 체포되었다. 이 사건으 로 인하여 1921년 12월 14일 경성지방법원에서 징역 3년을 선고받 았다. 북경의 제2보합단 국내지단 설치를 주도한 김희중의 판결문 에 의하면

"김희중은 대정 10년 1월 중 조선독립운동을 하기 위하여 支那・北 京을 가서, 당지에 있어서 조선독립군사령부를 조직한 박용만, 이회영 등 과 서로 알고(相識), 동년 5월 중 右 군사령부에 가맹하여 其 경리부장이 된 자이다. 가끔 태평양회의가 미국 워싱턴에서 개최한 것을 들어서 이때 조선민족은 내외 호응해서 독립운동을 개시하여 조선독립의 목적을 달성 하고, 동년 8월 중 조선에 살고 있는 조선인을 선동하여 조선각지에서 독 립단을 조직할 목적을 가지고 경성에 왔다. 김희중은 이춘구・황정연을 경성에 불러서 동년 9월 상순경 경성동물원 부근 팔판동 신장희집 등에서 피고 등 3명과 회합하였다. 피고 김희중은 피고 이춘구・황정연에 대하여 앞에서 표시한(前示) 入京의 목적을 알리고, 태평양회의에 대해 독립운동 을 개시할 것에 있어서 목적을 관철할 수 있도록, 김희중은 조선에서 군사 령부를 설치할 계획을 가지고 황정연을 경리부장으로 하고 이춘구는 참모 장이 되어서 크게 활동하고자 할 것을 맡겼다. 피고 이춘구・황정연은 이 에 찬동하여 사단 설치에서부터 모의 획책하여서 안녕질서를 방해하고자 한 자임."141)

---

140) 조규태, 「박용만의 중국에서서의 활동」, 『한국민족운동사연구』 45, 한국민족운동사학회, 76~77쪽.
141) 『판결문』, 大正 10年刑公 第1162號, 1921년 12월 14일, 경성지방법원.

大正一〇刑公第一二六二号

判決

慶尚北道聞慶郡山北面大上里
三十番地ニ在籍
京城府觀農洞百六十二番地ニ移リ
仮ニ居住農
　金　熙　重
　当二十八年

朝鮮總督府裁判所
裁判原本

忠清北道槐山郡延豊面高琴
里ニ在籍並ニ居住農
　李　春　求
　当四十四年

慶尚北道聞慶郡山北面大上里
ニ在籍
忠清北道槐山郡佛頂面扱渡里
六百四十一番地ニ居住
　黄　正　淵
　当三十二年

右者等ニ對スル大正八年制令第七
号違反被告事件ニ付朝鮮總
督府檢事柳原茂干興ノ審理ノ
上判決スルコト左ノ如シ

主文

被告金熙重ヲ懲役三年、
被告李春求及黄正淵ヲ各
懲役一年ニ處ス
押収物件ハ各所有者ニ還付ス

理由

被告金熙重ハ大正十年一月中朝
鮮獨立運動ヲ爲サンカ爲ニ支那北
京ニ赴キ全地ニ於テ朝鮮軍司令部
ヲ組織セル朴容萬ノ李會榮等ト

裁判原本
朝鮮總督府裁判所

이 사건으로 3년 동안 옥고를 치른 김희중은 출옥 후 다시 만주로 망명하였다. 일찍이 그가 주도했던 국내독립지단 설치가 경성에서 밀정의 밀고로 실패했던 뼈저린 경험은, 그로 하여금 만주를 제2의 독립운동 활동거점으로 택하게 하였을 것이다.

만주동포 민족문제 해결에 앞장서다

김희중은 1928년 1월 각 지역 대표의원 48명이 모인 만주조선인대회에 '재만동포퇴거문제대책안동현강구회'의 대표로 참석하였다. 이 대회에서 결의된 상설기구 만주조선인대회의 중앙집행위원에 선임되어 재만동포들의 생활안정과 권익보호에 힘썼다. 그는 1932년 일경에게 피살될 때까지, 안동현에서 일제와 중국당국에 맞서 만주동포의 권익보호와 민생안정을 위해 힘을 쏟았다.

일제의 침략적인 만몽정책 추진 여파로 중국당국의 한인구축정책이 실시되었다. 이로 인하여 재만동포들에게 가해지는 탄압과 착취, 중국인 지주들로부터 당하는 불이익 등 한인사회는 새로운 어려움에 직면하게 되었다. 이를 타개하기 위해 각 지역에서 한족문제강구회가 발족되었던 것이다.[142] 김희중은 이러한 민족문제 해결에 안동현 대표로 활동하였다. 그는 '만주조선인대회 중앙집행위원 선전위원'으로 재만동포 권익보호에 앞장섰던 것이다.

---

142) 황민호, 「1920년대 재만 한인사회의 민족운동 연구」, 숭실대 박사학위논문, 1997, 173쪽.

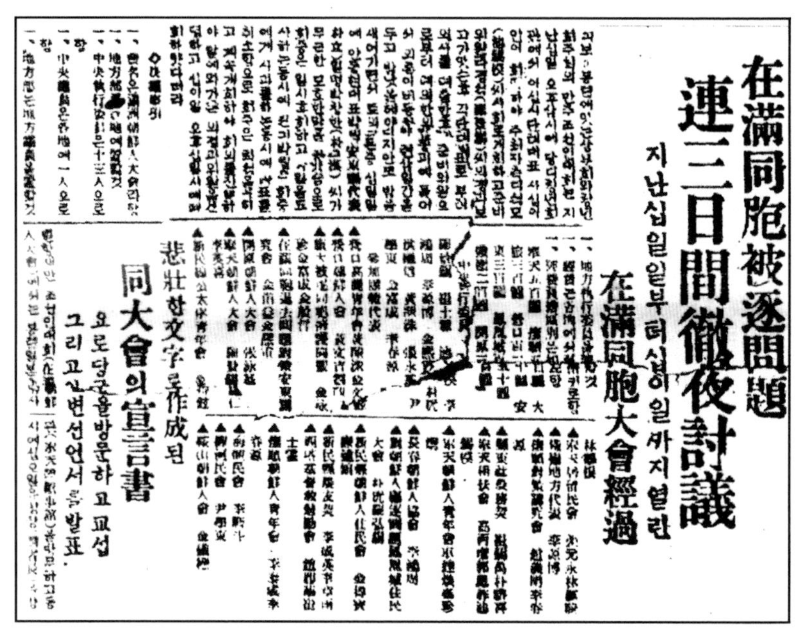

1928년 1월 16일자 중외일보

만주조선인대회는 1928년 1월 9일과 10일 양일간에 걸쳐, 봉천성 서탑기독교회관에서 각 지역 23개 단체 대표 48명이 모여 개최되었다. 이들은 중국당국의 한인구축정책을 원만히 해결하기 위하여 대책을 협의하였다. 또한 만주조선인대회를 상설기구로 창립하고 재만동포의 생활안정과 귀화입적 문제를 적극 후원할 것을 결의하였다.[143)]

김희중이 만주에서 활동하던 시기 만주동포들은 일제의 만주침략으로 인해 이중적인 고통을 감내하여야만 했다. 만주 한인사회 민족지도자들은 자치운동을 통해 한인사회의 권익을 적극적으로

---

143)「在滿同胞 被逐問題, 連三日間 徹夜討議」, 『중외일보』, 1928년 1월 16일자.

보호하고자 하였다. 이를 통하여 중국당국과 연계를 강화하고 일제의 간섭과 통제를 배격하고자 하였다. 이를 바탕으로 보다 강력한 항일투쟁을 전개 강화하고자 하였던 것이다.[144] 그러나 이러한 문제는 1930년 한인공산주의자들에 의해 간도와 길돈(돈화) 등에서 폭동으로, 만주 한인사회는 혼란과 분열 이합집산이 거듭되어 더욱 어려운 처지에 놓이게 되었다. 또한 일제의 만주침략과 농간에 의해 일어난 1931년 만보산사건은 한중 농민 간의 갈등으로 유혈사태까지 일어났다.

이 시기 재만동포들은 민족 내부의 양 진영(민족주의자와 공산주의자)의 영향 아래 있었다. 무엇보다도 일제의 만주침략으로 인한 중국당국과 일제의 간섭 통제는, 재만동포들에게 이중, 삼중의 박해와 고통을 겪게 하였던 것이다.[145] 이러한 당시 만주사회의 실상은 일제군경과 중국관헌의 탄압, 그리고 중국인과 민족 내부 양진영의 갈등으로 살인과 파괴 방화와 약탈 등으로 나타났던 것이다. 김희중은 노골화된 일제의 만주침략으로 핍박해진 만주 동포들의 실상을 타개하고, 항일투쟁의 기반을 구축하고자 그 중심에서 활동하였던 것이다. 그는 만주 항일전선의 최일선에서 재난에 처한 동포들을 구하고자 노력하였다.

이러한 상황 속에서 김희중은 1932년 봄 비참한 최후를 맞이하였던 것이다. 김희중의 호적제적부에 의하면, 1932년 5월 1일 안동현 대평가 욱정 353번지에서 사망한 것으로 나타나 있다. 이는 사망 장소가 아니라 가족들과 함께 거주하였던 주소로 판단된다. 또한

---

144) 황민호, 「1920년대 재만 한인사회의 민족운동 연구」, 숭실대 박사학위논문, 1997, 210쪽.
145) 신주백, 『만주지역 한인의 민족운동사(1920~1945)』, 아세아문화사, 1999, 182~185쪽.

족보에 의하면 만보산의거를 지휘하고 돈화의거사건을 주동하여 왜
경에 의해 총살되었다고 기록되어 있다. 김희중이 이 사건과 관련된
것을 확인할 수 없지만, 이로 미루어 볼 때 김희중은 만주사변 발발
로 인한 일본군경의 무자비한 탄압과 살상으로 희생되었던 것으로
판단할 수 있다. 부인 이무지李武只에 의해 비보를 접한 예천 용궁
의 경암 문중에서 유골을 수습하여 향리에 안장되었다고 한다.146)

---

146) 『호적제적부』, 문경시 산북면사무소 ; 『金海金氏大同譜』 卷之乙三, 23쪽 ; 김태환(55세,
　　경기도 파주시 교하읍, 김희중의 손).

2. 북경 보합단 국내지단 경리부장 黃正淵

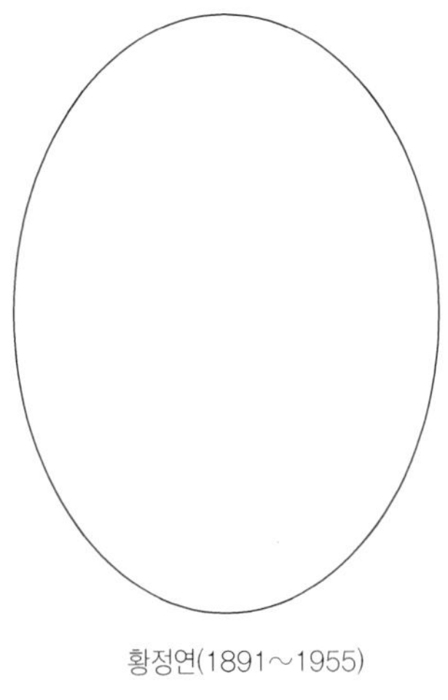

황정연(1891~1955)

황정연은 1891년 2월 25일 경상북도 문경시 산북면 대상리 32번지(아랫 한두리)에서 태어났다. 그는 한두리 도천학교에서 신학문을 배우고, 황의필의 개화사상에 영향을 받아 1908년 교남교육회 평회원으로 가입하였다.[147] 그는 황옥의 종제이며 김사용과는 내외종 간이다. 그리고 황의목은 재당숙이었다.[148]

황정연은 3·1운동이 일어나던 해 1919년 12월 괴산군 연풍면으로 이거하여, 1922년 3월 다시 괴산군 불항면 목도리로 이거하였다. 여기서 그는 1928년 10월까지 살았다.[149] 그가 한두리를 떠나 괴산으로 이거하게 된 이유는 정확하게 알 수 없지만, 한일합방 이후 한두리는 소종손의 지손들이 충청도 각지로 뿔뿔이 흩어지고 대종손과 소종손 몇 집만 남아 있었다. 그는 한두리를 떠나 괴산에 거주할 때 경성을 내왕하며 독립운동에 가담하였다.

황정연이 북경의 제2보합단 국내지단에 가입하게 된 동기는 김희중에 의해서였다. 이들은 일찍이 한두리 도천학교에서 신학문을

---

147) 한국학문헌연구소 편, 「교남교육회잡지 제1호~제12호」, 아세아문화사, 1989.
148) 『長水黃氏世譜』 8권, 小尹公派知禮公系司正公.
149) 『호적제적부』, 문경시 산북면사무소.

배웠으며, 그 후 황정연과 김희중은 이웃이 되어 늘 가까이했던 막역한 사이였다.150) 황정연이 북경의 제2회 보합단 국내지단 경리부장으로 선임되었던 이유도, 그의 독립심과 든든한 집안 배경이었을 것이다. 이때 참모장으로 선임된 이춘구는 괴산 연풍사람으로 일찍이 만주를 내왕하며 독립운동에 가담한 인물이다.151) 이들은 충북과 경북지방의 유력인사들을 모집하고 폭탄과 무기를 들여와 괴산에 군사령부를 설치할 것을 계획하였다. 이 계획에 황정연은 군자금 4,000여 원을 제공하였다.152) 당시 거금巨金의 군자금은 황정연과 재당숙 황의목이 대부분 마련하였다고 한다. 황의목(황정연의 재당숙)은 상해와 북경, 경성과 대구를 내왕하며 상업활동을 주로 하면서 집안의 독립운동가들에게 군자금을 지원하였다.153)

황정연은 일제경찰의 밀정에 의해 발각되어 김희중과 같이 체포되었다. 경성지방법원에서 징역 1년 형刑을 선고받았다. 그는 감옥에서 받은 고문 후유증으로 고막을 상실하여 정상적인 활동을 하지 못하였다. 집안 가족들은 황정연의 독립운동으로 모든 재산이 없어지게 되자 1935년 전후 부산으로 이주하였다. 가족들을 돌볼 수 없게 된 황정연은, 한두리에서 요양하다 해방 후 부산 가족들 품으로 돌아갔다고 한다.154) 그는 1955년 향년 64세의 일기로 사망하였다.

---

150) 『호적제적부』, 문경시 산북면사무소.
151) 국가보훈처, 「북간도지역 독립군단 명부」, 『해외의 한국독립운동사료XX』 중국 편 ⑤, 1997, 209쪽.
152) 「판결문」, 大正10年刑公 第1162號, 1921년 12월 14일, 경성지방법원.
153) 황인한(76세, 경기도 고양시 장항동, 황의목의 손).
154) 황명하(66세, 부산 부산진구 당감동, 황정연의 손).

3. 계몽과 독립, 민족운동 일선에 몸 바친 金思容

김사용(1883~1941)

김사용은 1883 10월 7일 경상북도 상주시 인봉동 11번지에서 태어났다. 이곳은 조선 후기 상주 연안김씨 세거지로 북촌(北邨)이라 불렀다. 祖父가 성균진사였으며 父도 생원진사로 상주지방의 주요 사족士族으로 세勢를 가졌던 것으로 보인다. 한말 김사용의 집안과 일제강점기 그의 행적은 한두리와 밀접한 관련을 가지고 있다. 김사용은 태어날 때부터 한두리를 대대로 외가外家로 갖게 된다. 그는 애국계몽기를 거쳐 일제강점기 독립운동으로 쓰러질 때까지 한두리 인사들과 불가분의 관계를 가졌다.

상주 연안김씨들은 조선 후기 한두리 장수황씨와 끊임없는 혼반 관계를 통해 상호 교류하였다. 이들은 한두리 장수황씨의 자손들을 며느리와 사위로 삼았다. 김사용의 母는 한두리 장수황씨 소종가小宗家의 딸로서 황정연의 당고모가 된다. 祖母는 대종가大宗家의 딸로서 한두리 도천학교 설립자 황의필의 고모이다. 한두리 장수황씨 족보에 의하면 1800년대 3대에 걸쳐 상주 연안김씨는 6명의 사위와 5명의 며느리가 나타난다.[155]

---

155) 『長水黃氏世譜』 8권, 小尹公派知禮公系司正公 ; 『延安金氏 內資侍尹公派尙州宗中 北邨東來宅系譜』.

김사용은 일찍이 상주지방의 신교육 개화운동에 참여하였다. 그는 1906년 이 지방 최초의 사립중등학교인 상산중학교 설립 발기인으로 활동하였다. 이때 경상북도에는 각군사립학교연합회가 결성되어 각 지방의 교육구국운동가들과 교류하게 된다. 1908년 재경 영남인사들의 계몽단체인 교남교육회에 가입하였다. 이는 김사용이 1909년 영남지방의 신교육 개화구국운동가들과 함께 비밀 지하 청년단체인 대동청년당에 가담하게 된 계기가 되었다.[156]

대동청년당은 1909년 보성중학교 교장으로 있던 박중화를 중심으로 하여 남형우의 집에서 조직되었다. 신민회 이념을 따르는 국권회복을 위한 민족주의 청년단체로 회원은 120여 명이었다. 그러나 일제강점 이후 남형우·윤세복·김동삼·배천택 등 다수 회원들이 국외로 망명하였다. 국내에 남아 있는 회원은 일제의 가혹한 탄압 아래 1911년 9월 신민회사건(105인 사건)으로 모두 일제의 요시찰인물이 되었다.[157]

김사용은 3·1운동에 적극 가담함으로써 일제하 독립운동 일선 一線에 투신하게 된다. 그는 독립선언서와 격문 등을 서울과 각 지방에 배포하였다. 이 사건으로 출판법 및 보안법 위반으로 체포되었으나, 1919년 8월 30일 경성지방법원에서 증거 불충분으로 면소 판결을 받았다. 이때 그는 상해를 내왕하는 문일구를 통해 '임시정부 선포문' 80매를 받아, 이춘균(김사용의 계동 130번지 거소에 동거)과 김유인에게 전하였다. 이들에 의해 '국민대회취지서' 및 '선

---

156) 정순목, 「상주의 개화교육운동」, 『상주문화』 창간호, 상주문화원, 1989, 206~207쪽; 권대웅, 「조선국권회복단 연구」, 『민족문화논총』 제9집, 1988, 175~176쪽.
157) 신용하, 「조선노동공제회의 창립과 노동운동」, 『한국사회사연구회 논문집 제3집 – 한국의 사회신분과 사회계층』, 문학과지성사, 1986, 79쪽.

포문'을 경성시내에 배포하게 되었던 것이다. 이 사건은 문일구·황대벽·서상일 등과 함께 1920년 2월 국민대회 사건 관련자로 김사용이 체포됨으로 밝혀졌다.[158]

특히 이 사건은 문일구 등 신흥무관학교 출신들이 조선내 관공서 폭파와 일인 및 조선인관리 중 주모자를 암살하려 했던 사건이었다. 3·1운동 직후 김사용은 상해와 경성의 임시정부 수립운동을 전파하는 중요한 임무를 수행하였던 것이다. 또한 일제의 주요 관공서 폭파와 요인을 암살하려 했던 사건에 연루되었다. 김사용은 제령보안법총포화약취체시행규칙 위반으로 체포되어 검찰에 송치되었으나 불기소 처분을 받은 것으로 보인다.[159]

김사용을 비롯한 민족주의 계열의 대동청년당 동지들은 1920년 4월 3일 조선노동공제회를 창립하였다. 이들은 1917년 10월 혁명 후 러시아 노농정부勞農政府 출현에 영향을 받고 노동문제와 사회주의에 큰 관심을 가졌었다. 이때 김사용은 사회주의 사상과 노동문제에 관심을 가진 것으로 판단된다. 또한 이들은 1919년 3·1운동 직후부터 비공식적인 모임을 갖고 토론을 거듭하다가 '노동문제연구회'를 조직하였던 것이다. 김사용은 1920년 3월 박중화를 중심으로 한 대동청년당 계열의 선진적 지식인들의 조선노동문제연구회발기회에 가담하였다. 이리하여 그는 창립총회에서 고순흠·윤덕병과 함께 조선노동공제회 서무부 간사로 선임되었다. 김사용은 1922년 2월 19일 진주지회에서 '노동문제'라는 제목으로 강연 활동을 하였다.[160]

---

158) 독립운동사편찬위원회편, 『독립운동사자료집 제13집 - 학생독립운동사자료집』, 137~138쪽.
159) 이현주, 「3·1운동직후 국민대회와 임시정부 수립운동」, 『한국근현대사연구』 제6집, 1997, 131~133쪽, 「고등경찰요사: 폭도사편집자료」, 경상북도경찰부, 1934년, 266쪽.

김사용은 1923년 3월 의열단의 제2차 국내 총공격을 위한 대규모 폭탄반입사건에 가담하였다. 황옥과 김시현이 주도한 대규모 폭탄반입은, 마지막 국내 거점인 김사용의 집에 폭탄 일부가 보관되어 거사를 기다리고 있었다. 당시 김사용은 북미창정에서 미곡상을 경영하였다. 이곳은 만주와 상해를 내왕하는 민족운동가들의 연락망 구축과 군자금 모집 등 국내 거점역할을 하였다. 이는 황옥과 김사용의 관계로 볼 때 폭탄 보관뿐만 아니라 폭탄 실행자가 김사용이었을 가능성도 배제할 수 없다. 이는 폭탄 던질 사람은 조선 안에도 동지가 있다고 황옥이 김원봉에게 말하였던 것으로 보아, 김사용 등을 지목하는 것으로 판단할 수 있다. 김사용이 3·1운동 직후 문일구 등 신흥무관학교 출신들과 함께, 경성의 주요 관공서 폭파 및 요인 암살 계획에 연루되었다는 것은 이를 뒷받침한다. 김사용은 의열단의거에 가담되어 체포되었으나 그해 5월 황직연과 함께 불기소 면소처분을 받았다.[161]

김사용은 3·1운동 후 여러 차례 독립운동에 연루되어 체포되었으나 증거불충분 등으로 불기소 처분을 받았다. 이는 그가 연장자年長者로서 동지들의 보호를 받은 것으로 보인다. 동지들은 일경에 체포될 때마다 국내 독립운동의 거점인 김사용의 경성 미곡상을 끝까지 지켜 주었던 것이다.

김사용은 1923년 3월 의열단의거 이후로 뚜렷한 활동이 나타나지 않는다. 그는 일제 경찰에 의해 여러 차례 고문을 당하고 40을

<hr>

160) 신용하, 「조선노동공제회의 창립과 노동운동」, 『한국의 사회신분과 사회계층』, 문학과지성사, 1986, 80~82쪽, 89~92쪽, 128쪽.
161) 「김시현외 형사판결문」, 국가기록원소장, 1923년; 「의열단 공판, 법정에선 김시현」, 『동아일보』, 1923년 8월 8일자.

넘긴 나이였다. 피폐된 심신은 계속해서 독립운동 일선一線에 나서기 어려웠을 것이다. 1930년 전후 경영난으로 어려움을 겪던 중외신문 발간에 참여하였다. 김사용은 황옥이 출옥 후 안희제를 만날 때 경영에 참여했던 것으로 보인다. 그 후 김사용은 득병으로 투병생활을 계속하였다고 한다. 고향에 남겨진 재산은 모두 독립운동으로 없어지고 홀로 병든 육체를 안고 씨름해야만 했다. 그는 아무것도 할 수가 없었다. 이리하여 그는 1941년 9월 22일 경성부 안국정 113번지에서 스스로 생을 마감하였다고 한다.[162]

---

162) 『호적제적부』, 상주시청; 홍준희(90세, 경기도 파주, 김사용의 생질, 2002년 사망); 김종탁(78세, 경기도 용인시 신갈동, 김사용의 손).

4. 민족 자주와 통일의 외길을 살다간 宋南憲

송남헌(1914~2001)

송남헌은 1914년 1월 14일 경북 문경시 산북면 대하리 476번지에서 태어났다. 그가 한두리에서 태어나게 된 것은 祖母(黃順熙, 1859~1946)에 의해서였다. 祖母는 한두리 장수황씨 대종가의 딸로서 보은 은진송씨恩津宋氏 집안으로 시집을 갔다. 그러나 일찍 남편(宋奉洙, ~1887)이 사망하게 되자 은진송씨 문중의 아들을 양자로 하여 한두리로 돌아왔다. 송남헌의 父(宋秉進, 1883~1955)는 祖母의 등에 업혀 한두리로 오게 된 것이다. 이리하여 한두리에서 성장하고 결혼하면서 송남헌을 낳았다.[163]

보은 은진송씨 가문의 자손 父子가 대를 이어 한두리에서 성장하고 출생하게 된 것은, 장수황씨 할머니의 대단한 인내심과 결단 그리고 든든한 집안 배경이었다. 祖母는 은진송씨 가문을 위해 자식의 훈육을 게을리하지 않았다. 송남헌의 父는 장수황씨 문중의 도천서당에서 황옥黃鈺과 같이 공부하였다. 또한 도천학교에서 신학문을 수학하였다. 이리하여 그도 일제시기 총독부산하 지방관서

---

163) 『長水黃氏世譜』 8권, 小尹公派知禮公系司正公 ; 「호적제적부」, 문경시 산북면사무소 ; 『恩津宋氏歲寒齊公派譜』 ; 송재웅(70세, 서울 은평구 갈현동, 송남헌의 子).

말단 서기로 근무하게 된다.[164)

송병진도 한말 한두리가 겪었던 의병참화와 일제식민지로 전락하는 나라의 운명을 함께 하지 않을 수 없었다. 그는 장수황씨 어머니의 극진한 보살핌을 받고 성장하였지만 식민지하 살길을 찾아 떠날 수밖에 없었다. 황옥과는 달리 그는 차분하고 사려깊은 성격의 소유자로 어머니 곁을 멀리 떠날 수가 없었다. 이때 보은 이웃 마을 기계유씨杞溪俞氏와 결혼 하게 된다. 송남헌은 2남2녀 중 누님에 이어 둘째로 태어나게 된다.[165)

한두리에서 은진송씨 가문의 대를 이은 송남헌은 祖母와 母의 지극한 정성 속에 자라났다. 그는 아버지가 성주군청 서기로 근무하게 되자 할머니를 비롯하여 가족들이 모두 한두리를 떠나 성주로 이사하였다. 1919년 비로소 한두리 은진송씨들은 30여 년 만에 한두리를 떠나게 되었던 것이다.

송남헌의 조모는 한두리에서 은진송씨 가문의 대代를 잇게 한 장본인이었다. 그는 한두리 장수황씨 대종가의 딸로서 보은 은진송씨 가문의 며느리로서 법통과 가풍을 지켜 낸 것이다. 엄친양모嚴親養母를 솔선수범한 숭고한 결심은 조금도 흐트러짐이 없었다. 일제시기 비록 이들이 한두리를 떠났지만, 손자 송남헌에 이르기까지 한두리와의 관계는 해방 후까지 이어지고 있었다. 한두리 장수황씨 소종손들이 한말 일제시기 한두리를 떠나 소백산맥 기슭 충청도로

---

164) 1909년 부산지방재판소 서기 겸 통역생으로 발령받아 1911년까지 근무하였으나 1914년 고향 문경으로 돌아오게 된다. 울산군(1912~1914), 문경군(1915~1918), 성주군(1919~1924), 청송군(1925~1927)에서 군서기로 근무하였다. 『관보』, 융희 3년(1909년) 8월 20일자; 『황성신문』, 융희 3년(1909년) 11월 3일자. 「조선총독부급소속관서직원록」, 조선총독부, 1910~1927년.
165) 「호적제적부」, 서울 종로구청.

이주하게 된 것도 이와 무관하지 않을 것이다.

송남헌은 수창국민학교에 입학하여 사범학교를 졸업하기까지 대구에서 10여 년 넘게 살았다. 그에게는 암울했던 식민지 조선의 모습을 보고 듣고 깨닫게 하였던 시기였다. 그의 가슴속 깊은 곳에는 민족의식이 싹트기 시작하였다. 이때 그는 담임 이효창의 민족적 독립심과 애국심으로부터 정신적 영향을 받았다. 이렇게 싹튼 민족의식은 대구사범 재학시절 그의 인생관과 민족관으로 정립하게 된다. 일제의 만주침략으로 인한 사상탄압은, 교내 독서회사건으로 존경하는 선생님과 동료 학생들이 구속되는 사태를 가져왔다. 이러한 사태를 지켜보면서, 청년기에 들어선 그는 항일과 배일사상으로 무장하게 된다.166)

송남헌은 1934년 대구사범학교를 졸업하였다. 그는 전북 군산과 서울 재동국민학교에서 8년간 교사로 근무하였다. 국내외적으로 대단히 불안한 시기였지만, 그는 비교적 안정된 생활을 할 수 있었다. 교사로서 사명감을 가지고 민족의 앞날을 위해 아이들을 열심히 가르칠 수 있었다. 아동문학에 관심을 가지고 글을 쓰면서 방송과 신문 잡지에 발표하였다. 이때 그는 방송용 동화를 집필하게 되어 경성방송국에 출입하게 된다.167)

이 시기는 일제의 군국화 파쇼화로 인한, 중일전쟁 발발과 태평양전쟁 확전은 조선인에 대한 사상통제와 탄압이 극심하였던 때였다. 그야말로 국내 상황은 일제의 전쟁 수행을 위하여 숨죽이며 협

---

166) 심지연, 『송남헌회고록 – 김규식과 함께한 길: 민족의 자주와 통일을 위하여』, 한울, 2000, 17~19쪽.
167) 심지연, 『송남헌회고록 – 김규식과 함께한 길: 민족의 자주와 통일을 위하여』, 한울, 2000, 23~27쪽, 34~37쪽.

력하여야만 살 수 있는 전시동원체제였다. 일제는 조선인의 일거수
일투족을 감시하며 총력전을 펼쳤다. 반도조선 안의 모든 인원과
물자를 전쟁터로 내몰았던 것이다.

일제 말 이러한 전시상황 속에서, 송남헌은 경성방송국에서 비밀
리에 해외 단파방송을 수신하여 전파하였다. 단파방송은 미국의 소
리·중경방송 등 해외의 연합군 전황과 임시정부 광복군활동이 보
도되어 서울 장안에 퍼지게 되었다. 그는 2년여 동안 경성방송국에
서 비밀히 단파방송을 청취하여 연합군과 임시정부의 활동을 국내
에 전파하였던 것이다. 이는 그가 해외 단파방송 수신을 통해 일제
의 패망과 민족의 광복을 예견하고, 무엇보다도 먼저 국내인사들에
게 알려야 한다는 민족적 사명감에서였다.

송남헌은 1943년 3월 단파방송사건에 연루되어 일제경찰에 검거
되었다. 그해 8월 경성지방법원에서 치안유지법, 형법, 군법, 보안
법위반으로 1년 6개월의 징역을 선고받았다. 그는 서대문형무소 복
역 중 청주사상범보호관찰소를 거쳐 대전형무소로 이감되어 옥고
를 치렀다. 1944년 6월 만기 출옥하였다.[168]

해방 후 송남헌은 할머니를 모시고 부모님과 함께 서울 청운동
에 거주하였다. 할머니는 1946년 8월 사망하였다. 한두리에서 올라
온 종갓집 종손 내외가 신혼살림을 차리고 한집에서 살게 되었다.
이때 황옥黃鈺은 이웃 청진동에 거주하고 있었다. 이들 가족들은
서로 내왕하며 살았다고 한다. 40년 전 한두리에서 함께 공부하며
지냈던 모습이, 일제시기 모진 세월을 거쳐 해방된 서울에서 다시

---

168) 심지연, 『송남헌회고록 – 김규식과 함께한 길: 민족의 자주와 통일을 위하여』, 한울, 2000,
43쪽.

이어지고 있었다. 그러나 이들은 6·25전쟁으로 말미암아 또다시 헤어지게 된다. 황옥은 청운동 송남헌의 집에 거주하고 있던 종손 내외를 고향으로 내려 보내게 하고 납북의 비운을 맞이하였던 것이다.169)

송남헌은 해방과 더불어 정계에 입문하게 된다. 그가 해방정국에 정치에 발을 들여놓게 된 계기는 친구 한학수에 의해서였다. 이로 인하여 원세훈을 만나 본격적인 정치활동에 나서게 되었다. 그는 이들과 함께 한국민주당 발기인에 참여하였다. 한국민주당이 창당 되면서 선전부에 소속되어 함상훈 장덕수와 함께 활동하였다.170)

송남헌이 해방 후 정치인생의 길을 열어 준 계기는 김규식 박사 와의 만남이었다. 임정요인들이 환국하자 원세훈은 송남헌으로 하 여금 김규식 박사의 비서 역을 맡도록 추천하였던 것이다. 이로 인 해 송남헌은 1946년 2월 민주의원이 개원되고 김규식 박사가 부의 장직을 맡을 때부터 비서실장으로 직을 수행하였다. 그는 김규식 박사와 함께 해방정국의 소용돌이 속에서, 좌우합작을 통한 자주 통일 민족정부 수립에 온 힘을 쏟았다. 분단의 비극을 막고자 민족 자주연맹 대표의 한 사람으로서, 1948년 4월 21일 삼팔선을 넘어 남북협상에 참여하였다.171)

그후 송남헌의 민족의 자주와 통일을 위한 노력은 2번에 걸쳐 투옥되는 사태를 겪었다. 그는 남북협상을 추진하는 과정에서 북측

---

169) 권숙자(80세, 경북 문경시 산북면 대하리, 한두리 장수황씨 대종가 宗婦); 송재웅(70세, 서 울 은평구 갈현동, 송남헌의 子).
170) 심지연, 『송남헌회고록 – 김규식과 함께한 길: 민족의 자주와 통일을 위하여』, 한울, 2000, 64,68~69쪽.
171) 심지연, 『송남헌회고록 – 김규식과 함께한 길: 민족의 자주와 통일을 위하여』, 한울, 2000, 102~107쪽.

인사들의 서신을 신고하지 않았다는 이유로, 1949년 4월 이승만 정부에 의해 국가보안법 불고지죄 위반으로 구속되었다. 1960년 4·19 혁명 이후 혁신정당 활동과 관련하여 좌익으로 몰린 그는, 1961년 5월 박정희 군사정부에 의해 두 번째 투옥되는 사태를 겪었던 것이다.[172]

민족의 자주 통일을 위한 송남헌의 집념은 끊임없이 이어졌다. 정계에 발을 끊은 송남헌은『해방3년사』라는 저술을 남겼다. 이 책은 현대사의 고전적 증언으로, 우리 민족의 자주 통일정부 수립을 향한 눈물의 기록이자, 그 자신의 모든 것을 바친 열광적인 기록이었다. 그리고 그는 1989년 12월 '우사김규식박사연구회'를 이끌면서, 생의 마지막 과업인『우사김규식 생애와 사상』 전기를 펴내고 2001년 2월 고인이 되었다.[173]

---

172) 심지연,『송남헌회고록 ― 김규식과 함께한 길: 민족의 자주와 통일을 위하여』, 한울, 2000, 128~130쪽.
173) 「겨레의 독립과 통일에 바친 한평생」,『동아일보』 2001년 2월 21일자; 「한평생 민족과 애환을 함께한 구도자」,『중앙일보』, 2001년 2월 24일자.

맺음말

한말 신교육 구국운동은 애국계몽운동의 일환으로서 전개된 사회적 운동이었다. 이 운동은 사실상 국권상실이라는 국망의 위기에서, 국권회복운동이 절정을 이루던 시기에 일어났던 것이다. 국권회복과 자주독립을 위해서는 학교를 설립하여 교육을 진흥시키는 것이 가장 급선무라 하였다. 한말 우리의 선각적인 지도자들은 쇠망해 가는 나라를 다시 일으키고자 교육구국운동을 일으켰던 것이다.

한두리가 갖는 지역사적 의의는 대단히 크다. 1906년 봄 최초로 근대학교가 설립되었다는 데서 그 중요성을 찾을 수 있다. 도천학교는 문경지방 신교육 구국운동의 발상지였다. 한두리 개화인사들은 시대적 상황을 직시하고 역사적 소명을 다하고자 하였다. 이들은 어떠한 난관과 어려움도 극복하고자 온 몸을 던졌다. 오로지 신학문을 통하여 민지民智를 계발하고 실력實力을 양성하여야 한다고 생각하였던 것이다. 이러한 신교육 구국운동에 한두리 개화인사들이 대거 참여하였던 것이다.

한두리를 지켜 온 400년 가문이 해체되는 위기를 겪으면서도 이들은 도천학교를 일으키고자 동분서주하였다. 1908년 교남교육회 가입을 통해 난국을 타개하고자 하였던 것이다. 한두리 장수황씨

문중의 이러한 근대인식은 일제강점하 도천학교출신들의 독립운동
으로 이어졌다.

일제강점기 수없이 명멸해 갔던 무명의 독립운동가들과 같이, 찾
기도 어려울 뿐만 아니라 후대에 알려지기도 힘든 인물들이었다.
더구나 이들의 독립운동은 후손들도 전혀 알 수 없었던 사실들이
많았다. 그렇지만 이들의 민족운동은 문경지역 근현대사에서 빼놓
을 수 없는 중요한 인물이었다. 그 중심에 황옥이 있었던 것이다.

성재 이동휘는 한일합방 후 1911년 2월 북간도로 망명하면서 서
북지방 동지들에게 다음과 같이 말하였다.

"사상이 견실한 동지를 될 수 있는 대로 적의 행정이나 경찰기
관에 많이 투입시켜, 일본에 협력정신을 가장하는 결사적인 동지들
로 하여금 국내 동포의 독립의식을 환성함에 주력하면서, 면종복배
로 왜놈이 패망할 때까지 이를 갈며 결심하여야 한다."174)고 당부
하였다.

이는 민족독립의 사상이 분명하다면 형식보다는 독립을 성취할
수 있는 실질적인 방법이 더 절실하다고 여긴 것이다. 한일합방 직
후 서북지방 인사들은 일제의 대대적인 탄압으로 국외로 피신할 수
밖에 없었던 상황이었다. 성재는 국내에서도 독립운동에 매진할 것
을 당부하면서 청년들에게 독립운동의 길을 제시하였던 것이다. 성
재의 이러한 관점은 국외뿐만 아니라 국내 항일운동의 다양성과
특수성을 예견하였다는 데서 의미가 크다. 성재의 이러한 생각은
황옥의 행적에서 그대로 드러난다. 황옥은 독립운동에 투신할 것을
결심하고 보다 실질적인 방법을 찾았던 것이다.

---

174) 유석인, 『애국의 별들』, 교문사, 1965, 191쪽.

이 글을 쓰는 과정에서, 다행히 황옥의 동생 황직연의 독립운동 사실을 세상에 알릴 수가 있었다. 대한민국정부는 2008년 8월 15일 제63주년 광복절을 맞아 황직연에게 건국훈장애국장을 추서하였다.

필자는 이 글을 마무리하면서, 100여 년 전 신교육의 뿌리를 내리고자 치열하게 살다 간 한두리 개화인사 모두에게 바쳐진 서훈이라고 생각한다.

이 땅의 진정한 독립과 통일, 자유와 민주를 위하여 몸 바친 모든 영령들에게 삼가 이 책을 바친다.

참고문헌

신문 · 잡지 · 자료집

『관보』, 『황성신문』, 『대한매일신보』, 『동아일보』, 『조선일보』, 『시대일보』, 『중외일보』, 『매일신보』, 『연합신문』, 『조선중앙일보』, 『경향신문』, 『중앙일보』, 『개벽』, 『신여성』

국회도서관, 『한국민족운동사료: 중국편』, 1976.

국회도서관, 『한국민족운동사료』, 3 · 1운동편, 1976.

독립운동사편찬위원회, 『독립운동사자료집』 제9집 임시정부사자료집, 1975.

『독립운동사자료집』 제11집 의열투쟁사자료집, 1983.

『독립운동사자료집』 제13집 학생독립운동사자료집, 1977.

『독립운동사 제7권, 의열투쟁사』, 1979.

국사편찬위원회, 『한민족독립운동사자료집 19, 28, 29, 30, 31, 35,별집9』, 1997.

내재문화연구회편, 「운강선생유고」, 『雲岡集』, 내재문화자료총서14, 학민문화사, 2007.

한국학문헌연구소편, 「교남교육회잡지 제1호~제12호」, 아세아문화사, 1989.

국가기록원소장, 『김시현외 형사판결문』, 1923.

국가기록원소장, 『犯罪人名簿及破産者名簿』, 산북면사무소.

국가보훈처, 「북간도지역 독립군단 명부」, 『해외의 한국독립운동사료 XX』, 중국편 ⑤, 1997.

善生永助, 『朝鮮の 聚落』後篇, 조선총독부, 1935.

「조선총독부급소속관서직원록」, 조선총독부.

「조선경찰의 개요」, 조선총독부경무국, 1922.

「경무휘보」, 조선총독부경무국, 1920. 3. 15.

「고등경찰요사: 폭도사편집자료」, 경상북도경찰부, 1934.

「판결문」, 대정15 刑公 第337號, 공주지방법원홍성지청.

「판결문」, 大正10年 刑公 第1162號, 1921년 12월 14일, 경성지방법원.

『長水黃氏世譜』 1, 8권, 小尹公派知禮公係司正公.

『靈山・寧越辛氏大同譜』, 一卷.

『金海金氏大同譜』, 卷之乙三.

『延安金氏 內資侍尹公派尙州宗中 北廓東來宅系譜』

『恩津宋氏歲寒齊公派譜』

「호적제적부」, 문경시 산북면사무소, 예천군 용궁면사무소, 상주시청,
　　　서울 종로・동대문구청.

「黃珽分財記」, 1500.

「道川年譜」, 『七峯遺稿』 下, 1647.

황의필유고집, 『樗齊遺稿』, 1990.

문경군, 『내고장 전통가꾸기』, 성문인쇄사, 1982.

문경문화원, 『聞慶大觀』, 을지사, 1986.

문경시지편찬위원회, 『聞慶市誌』(증보판) 상권, 홍익출판인쇄사, 2002.

박약회문경시지회, 『冠山大觀』, 성문인쇄사, 2005.

문경문화원, 『문경의 옛 모습과 이름』, 향토사료 제20집, 2007.

박철순, 『麻姑城面(麻城面)』, 2001.

「오천리권농회 80년사」, 1991.

一件 자료

「의열단폭거와 部民의 感想의 一端」, 『民情彙報』 제15보, 일제경찰심
　　　문조서 江高 제7441호, 대정 12년 6월 7일 강원도.

「의열단원 검거의 건」, 경성 종로경찰서장 검찰행정사무에 관한 기록(1)
　　　1924년 1월 7일.

「가출옥자에 관한 건」, 京鍾警高秘 제1914호 경성종로경찰서장. 사상
　　　문제에 관한 조사서류 1929년 2월 15일.

「격문범 검거에 관한 건」, 東高秘 제7620호, 소화 5년 9월 15일 경기도경
　　　찰부장.
「중국공산당동만특별위원회한인위원회의 조선공산당재건 피의사건 수
　　　사에 관한 건」, 京東警高秘 第132號 소화 9년 4월 24일 경성
　　　동대문경찰서장.
「조선공산당 재건을 목적으로 하는 코민테른 조선레포트회의 사건」, 京
　　　東警高秘 第1311號 소화 9년 6월 10일 경성동대문경찰서장.

연구논문 및 단행본

강동진, 『일제의 한국침략정책사 - 친일관료의 육성·이용 - 』, 한길사,
　　　1985.
강효일, 「상주 함창 농민항쟁」, 『상주문화』 5호, 상주문화원, 1994.
권대웅, 「조선국권회복단 연구」, 『민족문화논총』 제9집, 1988.
　　　「을미의병기 경북북부지역의 예천회맹」, 『민족문화논총』 제14
　　　집, 1993.
　　　「한말 경북지방의 사립학교와 그 성격」, 『국사관논총』 58집, 1994.
　　　「한말 교남교육회 연구」, 『중산정덕기박사화갑기념 한국사의 이
　　　해』, 경인문화사, 1996.
구완회, 『한말 제천의병 - 호좌의진 연구 - 』, 집문당, 1997.
구자일, 「한말 예천의병전쟁」, 『안동사학』 제6집, 안동사학회, 2001.
김문기, 『문경의 구곡원림』, 문경문화연구총서1, 2004.
김민철, 「식민지통치와 경찰」, 『역사비평24』, 1994.
김상기, 「한말 사립학교의 교육이념과 신교육구국운동」, 『청계사학』 1,
　　　1984.
김영범, 『한국근대민족운동과 의열단』, 창작과비평사, 1997.
김영우, 『한국개화기의 교육』, 교육과학사, 1996.
김용달, 「추강김지섭의 생애와 독립운동」, 『안동사학』 제6집, 안동사학회,
　　　2001.
김창수, 「의열단의 3대의거 - 김상옥의사의 종로서등 폭파」, 『신동아』, 1969년

7월호

「의열단의 투쟁에 대한 약간의 보유」, 『한국민족운동사연구』, 교문사, 1998.

김희곤, 「김시현의 항일투쟁과 그 성격」, 『하구김시현선생추모학술강연회』, 안동청년유도회, 2006.

『안동사람들의 항일투쟁』, 지식산업사, 2007.

박경석, 『일본 제국주의의 조선지배 - 1920년대의 민족분열정책 - 』, 도서출판 행지, 1986.

박태원, 『약산과 의열단』, 깊은샘, 2000.

서울대민주열사추모사업위원회편, 『산자여 따르라』, 도서출판 거름, 1984.

신영우, 『갑오농민전쟁과 영남보수세력의 대응』, 연세대박사학위논문, 1991.

신용하, 『한말 애국계몽사상과 운동』, 한국사학 1, 1980.

「조선노동공제회의 창립과 노동운동」, 『한국사회사연구회 논문집 제3집 - 한국의 사회신분과 사회계층』, 문학과지성사, 1986.

신주백, 『만주지역 한인의 민족운동사(1920~1945)』, 아세아문화사, 1999.

양형석, 「김시현(1883~1966)의 항일투쟁」, 『안동사학』 3집, 1998.

염인호, 『김원봉 연구』, 창작과 비평사, 1993.

이연숙, 「17~18세기 영남지역 노론의 동향 - 송시열 문인가문을 중심으로」, 『실학사상연구』 23, 2002.

이종범, 『의열단부장 이종암전』, 광복회, 1970.

이현주, 「3 · 1운동직후 국민대회와 임시정부 수립운동」, 『한국근현대사연구』 제6집, 1997.

『한국사회주의 세력의 형성 1919~1923』, 일조각, 2003.

임경석, 『한국사회주의의 기원』, 역사비평사, 2003.

전상숙, 「일제파시즘기 사상통제정책과 전향」, 『한국정치학회보』 39집 3호, 2002.

「사회주의 수용양태를 통해본 일제시기 사회주의운동의 재고찰」, 『동양정치사상사』 제4권 제1호, 2004.

『일제시기 한국 사회주의 지식인 연구』, 지식산업사, 2004.

정승교, 「대한제국기 지방학교의 설립주체와 재정」, 『한국문화』 22,

1998.

정순목, 「상주의 개화 교육운동」, 『상주문화』 창간호, 상주문화원, 1989.

조규태, 「박용만의 중국에서의 활동」, 『한국민족운동사연구』 45, 한국민
　　　족운동사학회, 2005.

淺井良純, 「일제침략 초기의 조선인관리 연구 - 대한제국관리 출신자를
　　　중심으로 - 」, 연세대석사학위논문, 1989.

최기영, 『한국 근대 계몽사상 연구』, 일조각, 2003.

황민호, 「1920년대 재만 한인사회의 민족운동 연구」, 숭실대박사학위논
　　　문, 1997.
　　　「전시통제기 조선총독부의 사상범 문제에 대한 인식과 통제」,
　　　『사학연구』, 2004.

전기·회고·증언록 및 기타

김우영, 『회고』, 신생공론사, 1951.

독립기념관소장, 『유석현 증언록』.

박진목, 『내 조국 내 산하, 원제: 지금은 먼 옛 이야기』, 계몽사, 1994.

심지연, 『송남헌회고록, 김규식과 함께한 길 - 민족의 자주와 통일을 위
　　　하여』, 한울, 2000.

우승규, 「백산안희제 특집호 - 백산선생의 이모저모」, 『나라사랑』 제9
　　　집, 외솔회, 1975.

유석인, 『애국의 별들』, 교문사, 1965.

이규갑, 「한성임시정부수립의 전말」, 『신동아』 8월호, 1969.

이종율, 「조국을 세우기 위한 투쟁의 일생 - 김시현선생과 그 영부인의
　　　전기」, 『하구김시현선생추모학술강연회』, 안동청년유도회, 2006.

정화암, 『어느 아나키스트의 몸으로 쓴 근세사』, 자유문고, 1882.

한시준, 『의회정치의 기틀을 마련한 홍진』, 탐구당, 2006.

증언자

권숙자(80세, 한두리 장수황씨 大宗家 宗婦) 경북 문경시 산북면 대하리.
김봉현(82세, 김시현의 아들, 2005년 1월 사망) 서울 강남구 개포동.
김종탁(78세, 김사용의 손) 경기도 용인시 신갈동.
김태환(55세, 김희중의 손) 경기도 파주시 교하읍.
송재웅(70세, 송남헌의 아들) 서울 은평구 갈현동.
이정원(62세, 이교담의 손) 인천 서구 당하동.
이재철(50세, 황정하 선배) 서울 강남구 삼성동.
최길송(70세, 황직연의 처조카) 경기도 포천시 신읍동.
최동진(47세, 황정하의 후배) 경기도 고양시 장항동.
홍석주(78세, 홍진의 손) 미국 뉴욕.
홍준희(90세, 김사용의 생질, 2002년 사망) 경기도 파주.
황규욱(59세, 한두리 장수황씨 大宗孫) 경북 문경시 산북면 대하리.
황명하(66세, 황정연의 손) 부산 부산진구 당감동.
황영자(70세, 황옥의 종손녀) 경기도 구리시 교문동.
황인자(93세, 황옥의 딸) 경기도 용인시 상현동.
황인한(76세, 황의목의 손) 경기도 고양시 장항동.
허귀진(86세, 윤홍열의 자부) 대구 중구 하서동.

황용건

▌약 력

지은이는 1957년 경북 문경에서 출생하였다. 현재 문경시 점촌1동 주민센터에 근무하고 있으며 지역 근현대사에 관심을 가지고 역사 찾기에 몰두하고 있다. 1999년 "오천리권농회 80년사"를 발굴 정리하고, 2002년 "항일독립투사 박열 – 잃어버린 역사를 찾아서"를 펴낸 바 있다. 안동대학교 대학원사학과에서 한국사를 전공하고 2008년 "항일투쟁기 황옥의 양면적 행적연구"로 석사학위를 받았다.

기억해야 하는 역사
문경 한두리의 재발견

초판인쇄 | 2009년 10월 30일
초판발행 | 2009년 10월 30일

지은이 | 황용건
펴낸이 | 채종준
펴낸곳 | 한국학술정보㈜
주 소 | 경기도 파주시 교하읍 문발리 파주출판문화정보산업단지 513-5
전 화 | 031) 908-3181(대표)
팩 스 | 031) 908-3189
홈페이지 | http://www.kstudy.com
E-mail | 출판사업부 publish@kstudy.com
등 록 | 제일산-115호(2000. 6. 19)

ISBN   978-89-268-0477-3 93990 (Paper Book)
        978-89-268-0478-0 98990 (e-Book)

내일을여는지식 ■ 은 시대와 시대의 지식을 이어 갑니다.